Echt nix für Jungs!

Mein fabelhaftes Lieblingsbuch über

PFERDE und REITEN

Nur für echte PFERDE-FANS

von
Gudrun Braun,
Anne Scheller
und Anike Hage

KOSMOS

REITSCHULE

- 4   Reiten, mein Sport!
- 14 Mein schönes Pferd
- 24 Zäumen und satteln
- 26 Aufsitzen und oben bleiben
- 32 Schritt, Trab, Galopp
- 36 Sitzschule fürs Gleichgewicht
- 38 Reiten in der Abteilung
- 44 Bahnfiguren
- 46 Hilfengebung
- 54 Ausmisten
- 56 Unterwegs im Straßenverkehr
- 62 Springreiten
- 66 Weidedienst
- 70 Bodenarbeit
- 74 Mein erstes Reitabzeichen
- 84 Der Traum vom eigenen Pferd
- 90 Fit fürs Abzeichen

Pferdestarke TESTS

- 28 Welcher Pferdetyp passt zu dir?
- 64 Wie gut verstehst du dein Pferd?
- 72 Welcher Reitertyp bist du?

PFERDEWISSEN

- 10 Die Familie der Pferde
- 12 Mama, Papa, Kind
- 20 Flanke, Krupe, Griffelbein
- 30 Die Sprache der Pferde
- 42 Halftern und führen
- 50 So ein Weideleben!
- 60 Ein Festmahl für Pferde
- 68 Pferderassen kennen
- 76 Urlaub auf dem Reiterhof
- 86 Ponyspiele: Viel Spaß!
- 88 Auf zum Reitturnier!

BASTELEIEN

- 8   Dein geheimes Ponytagebuch
- 16 Deine bunte Putzzeugtasche
- 22 Bilderrahmen und Glücksfänger
- 34 Pferdezeichnen leicht gemacht
- 40 Dein Pferdeschmuck
- 52 Die allerbesten Pferdeleckerli
- 78 Pferdestarke Mottoparty
- 82 Dein eigenes Springturnier
- 94 Bunter Sticker- und Ausmalspaß

MAXIS TAGEBUCH

- 6   Die erste Reitstunde
- 18 Stallluft und Ponyduft
- 48 Abflug
- 58 Ein Traum wird wahr
- 80 Mein Geburtstag
- 92 Unser Wanderritt

102 Register

Huhu, ich bin Maxi!

Mein größter Traum ist in Erfüllung gegangen. Halt, nein, nicht mein allergrößter Traum, denn der ist, ein eigenes Pferd zu haben. Aber gleich danach kommt mein zweitgrößter Traum: Reiten zu lernen. Hobbit ist mein Pflegepony in der Reitschule. Ich bin so glücklich, wenn ich bei ihm bin. Egal, ob ich ihn putze, mit ihm spazieren gehe oder ihn reite, er ist einfach ein Schatz. Wenn ich könnte, würde ich ihn kaufen! Aber vorher muss ich meinen Eltern und Svenja, meiner Reitlehrerin beweisen, dass ich eine wirklich gute Reiterin bin.

Willst du wissen, was ich in der Reitschule erlebe und lerne? In meinem Tagebuch kannst du lesen, was ich alles schon erlebt habe, seitdem ich mit dem Reiten angefangen habe. Wenn ich nicht gerade im Stall bin, bastle ich gern. Es gibt coole Pferdesachen, die ich aus Papier und Stoff selbst gemacht habe. Mach doch mit! Und wenn du wissen willst, welche Pferderasse und welcher Reitstil zu dir passt, dann helfen dir die pferdestarken Tests, das herauszufinden.

Los geht's!

Das ist Hobbit, mein Pony im Reitstall! Er ist sehr lieb und geduldig, einfach das perfekte Anfängerpony.

Offiziell heiße ich Maximiliane – meine Eltern dachten, ich würde ein Junge werden.

MAXIS REITSCHULE

Reiten, mein Sport!

Let's go, Hobbit!

Ich möchte mit Hobbit am liebsten ausreiten, stundenlang, durch den Wald und über Wiesen! Es gibt aber noch so viele andere Möglichkeiten, mit Pferden Spaß zu haben: Springen, Dressur, Western, Voltigieren, Fahren, Zirkus, Bodenarbeit.

Was brauchst du zum Reiten?

Suche dir eine Reitschule, die Unterricht für Anfänger anbietet. Auf der Website pferd-aktuell.de/fn-service kannst du Reitvereine in deiner Umgebung finden. Oder du fängst auf einem Reiterhof an, das ist auch toll – jeden Tag reiten, putzen, satteln und mit anderen Mädchen Ferien machen. Für den Anfang brauchst du einen passenden Helm, Stiefeletten oder Stiefel mit einem kleinen Absatz – damit du nicht im Steigbügel hängenbleibst – und eine bequeme Hose ohne Naht an der Innenseite der Beine.

- Reithelm
- Reithose
- Chaps
- Handschuhe
- Reitgerte
- Stiefeletten

Mein Traum: Bald werde ich galoppieren. Am liebsten ohne Sattel. Noch traue ich mich das nicht. Svenja, meine Reitlehrerin, lässt mich aber jetzt schon im Schritt ohne Sattel reiten. Am Ende der Stunde nimmt sie den Sattel ab und ich kann Hobbit die letzten zehn Minuten trocken reiten. Das ist ein tolles Gefühl.

Dressurgerten sind etwa 1,2 m lang. Sie werden beim Reiten und in der Bodenarbeit eingesetzt.

Reithelme schützen deinen Kopf und müssen gut passen. Nach einem Sturz oder nach etwa zwei Jahren Tragzeit solltest du einen neuen kaufen.

Stiefeletten werden mit Chaps kombiniert oder zu Jodhpurreithosen getragen. Chaps sind aus weichem Leder.

PFERDE-SPORT

1. Dressurreiten
Fördert die natürlichen Veranlagungen des Pferdes durch gymnastische Übungen. Gehört zur Grundausbildung von Pferd und Reiter.

2. Vielseitigkeitsreiten
Besteht aus drei Prüfungsteilen: Dressur, Geländeritt und Springen eines Parcours.

3. Westernreiten
Kommt von der Reitweise der Cowboys. Geritten wird meist auf Quarter Horses, Paint Horses oder Appaloosas. Auch Araber und Haflinger sieht man im Westernreitsport.

4. Springreiten
Bestimmt hast du Springreiten schon mal im Fernsehen gesehen. Es geht darum, keine Stangen abzuwerfen und der Schnellste zu sein. In der schwersten Klasse gibt es mindestens zehn Hindernisse, die bis 165 cm hoch sind.

5. Voltigieren
Akrobatisches Turnen auf dem Pferd, das im Kreis an der Longe galoppiert. Einzeln oder mit mehreren in der Gruppe.

6. Barockreiten
Gefragt sind dafür Pferderassen wie Andalusier, Lusitanos, Lipizzaner, Kladruber oder Knabstrupper. Die Reiter reiten klassische Dressur in feinen Samtjackets.

7. Fahren
Kann man mit einem, zwei oder vier Pferden, die eine Kutsche ziehen. Es gibt Wettbewerbe und Fahrabzeichen.

Maxis Tipp

Um meine Eltern davon zu überzeugen, dass es mir ernst mit dem Reiten ist, habe ich mein Taschengeld für meinen Reithelm gespart. Zu meinem Geburtstag wünsche ich mir nur Stiefeletten und Chaps.

DIE ERSTE REITSTUNDE

Aufgeregt, verliebt und einfach nur glücklich!

Endlich! Heute war es so weit: Ich hatte meine erste Reitstunde! Mein Reiterhof heißt „Winkelhof" und liegt ganz bei uns in der Nähe. Es war so toll! Aber ich erzähle besser der Reihe nach. Mann, war ich aufgeregt! Thilo, mein ältester Bruder, war total genervt, weil ich immer vor dem Fernseher rumgehüpft bin. Robin und Phil haben die Augen verdreht und sind dann Kicken gegangen. Nur Leo hat sich mit mir gefreut. Er ist aber auch erst zwei und lacht fast immer. Vier Brüder, zwei Eltern und null Pferdefans in der Familie! Das muss man erst mal aushalten.

Mama und ich sind mit dem Rad zum Winkelhof gefahren. Sie hat sofort das nächstbeste Mädchen angesprochen und ausgefragt. Das war mir ein bisschen peinlich. Das Mädchen, Elena hieß es, hat uns Svenja gezeigt, die Reitlehrerin. Sie hat ein eigenes Pferd, einen riesengroßen Friesen mit langer Mähne. Sie ist streng und irgendwie cool, aber auch nett.

Mama hat sich verabschiedet und Svenja hat mich zu einer Box geführt. Dort stand Hobbit. Ich hab ihn gesehen und mich sofort verliebt. Weiches rotbraunes Fell, eine lange Mähne und gaaanz große treue Augen! Hobbit ist so süß!

Ich war dann allerdings ein bisschen geschockt, weil Svenja einfach weggegangen ist. Ich solle mich mit Hobbit anfreunden, meinte sie. „Immer schön ruhig und mit tiefer Stimme sprechen", hat sie gesagt. Und dann stand ich da.
„Hallo, Hobbit", habe ich geflüstert. Er hat mich angeguckt und mit den Ohren vor- und zurückgewackelt. Dann hat er die Nase vorgestreckt. Ich habe die Hand gehoben, um ihn zu streicheln, aber da ist er zurückgewichen. „Keine Angst, ich bin's nur, Maxi", habe ich ihm erklärt. „Ich freu mich so aufs Reiten. Ich bin auch ganz lieb zu dir, Hobbit." Er war wieder ein bisschen näher gekommen und dann durfte ich ihn streicheln. Sein Fell ist so weich, einfach himmlisch!

Irgendwann hat Svenja alle Anfänger in den Hof gerufen. Außer mir waren noch zwei Mädchen und ein Junge da: Lissy, Tonia und Jakob. Svenja hat uns das Putzzeug gezeigt und wir durften alle Paule bürsten, einen ganz lieben Haflinger. Ich habe immer zu Hobbit rübergeschielt, der aus seinem Stallfenster guckte. Er ist so süß!

Bald durfte ich wieder zu ihm. Elena ist mitgekommen und hat mir beim Putzen, Auftrensen und Satteln geholfen. Das hätte ich allein auch nie hingekriegt, das ist voll schwierig! Elena ist 15 und reitet schon ewig. Sie konnte mir richtig viel zeigen. Dann durfte ich endlich aufsitzen – dachte ich. Es kam aber etwas anderes: Ich sollte Hobbit führen! Dabei musste ich auf der linken Seite neben ihm hergehen. Die Zügel hatte ich in der Hand. So ging es über den Hof, in die Reithalle und dort immer hinter den anderen her.
Nach einer Weile hat Svenja Hobbit eine lange Leine an die Trense gemacht, Longe heißt die. Elena hat sich solange um Tonia, Lissy und Jakob gekümmert. Svenja hat mir gezeigt, wie ich den Fuß in den Steigbügel stelle – und plötzlich saß ich oben. Es war einfach nur schön! Hobbit hat sich immer ein wenig bewegt, selbst wenn er still stand, und ich konnte ihn gut spüren. Dann ist er losgegangen, immer im Kreis an der Longe um Svenja herum. Reiten fühlt sich so toll an! Ein bisschen schwingend und sehr gemütlich. Ich kann es kaum abwarten, bis ich endlich zur zweiten Reitstunde darf! Ich bin total gespannt, was ich danach zu erzählen habe.

Hobbit

Dein geheimes Ponytagebuch

MAXIS BASTELEIEN

Reiten lernen ist ja so spannend und Ponys sind so süß! Zum Glück kann ich in meinem Tagebuch wirklich alles aufschreiben: über die Reitstunde, die anderen Reitschüler und natürlich Hobbit. Ich klebe auch Fotos von Hobbit ein, notiere mir die Geburtstage meiner Freunde im Stall, wichtiges Pferdewissen und noch viel mehr ...
Komm, ich zeige dir, wie du dein eigenes Tagebuch basteln kannst!

Das brauchst du:

- weißen und farbigen Karton (Reste)
- Bleistift & Schere
- buntes Klebeband & Bastelkleber
- einfarbigen Karton (2 Stück, DIN-A5)
- einen Rest dicker Pappe
- Stifte & Aufkleber oder andere Deko nach Geschmack
- weißes Papier (ca. 20 Seiten, DIN-A5)
- Locher
- 4 Buchringe (gibt's in Schreibwarenläden oder Bastelgeschäften)

Am liebsten wäre ich Tag und Nacht im Stall! Aber weil meine Eltern das nicht erlauben, habe ich ja mein Tagebuch. Es macht Spaß, darin zu blättern und zu lesen, was ich alles schon mit Hobbit erlebt habe!

1. Pferdekopf

Zeichne einen Pferdekopf auf den weißen Kartonrest. Es macht nichts, wenn du dich vermalst, man sieht es später nicht mehr. Schneide ihn grob aus. Beklebe ihn von der Rückseite komplett mit Klebeband. Nun schneidest du ordentlich entlang der Linien aus. Klebe den Pferdekopf zuletzt auf den Rest farbigen Kartons und schneide dicht herum aus.

2. Buchumschlag

Klebe den Pferdekopf auf einen DIN-A5-Karton. Wenn du vorher ein paar Stückchen dicke Pappe darunterklebst, scheint er zu schweben – das sieht schicker aus! Beschrifte, bemale und beklebe den Umschlag ganz nach deinem Geschmack.

3. Buch und Stift

Lege die weißen Zettel zwischen Umschlagvorderseite und Rückseite. Loche alles am linken Rand und verbinde die Seiten mit den Buchringen. Du kannst den Stift dort einhängen und später ganz leicht mehr Blätter einfügen!

> In meinem Tagebuch sammle ich: ein Foto von Hobbit, die Geburtstage meiner Freunde im Stall, Pferdewissen ... Und du?

Maxis Tipp

Statt eines Pferdekopfs kannst du auch ein Hufeisen, ein Herz oder eine andere Form gestalten. Klebe noch zwei kurze Bänder innen an Vorder- und Rückseite und binde dein Tagebuch mit einer Schleife zu.

MAXIS PFERDEWISSEN

Die Familie der Pferde

Wusstest du, dass zur Pferdefamilie auch Esel und Zebra gehören? Ponys sind Pferde, die kleiner als 1,48 m sind. Und die Fellfarben und Abzeichen am Kopf solltest du kennen, um dein Pferd beschreiben zu können.

Shire Horse: 1,78 m

Connemara-Pony: knapp unter 1,48 m

Shetland-Pony: unter 1 m

Das Stockmaß

Das Stockmaß wird am Widerrist des Pferdes mit einem Zollstock gemessen. Der Widerrist ist die höchste Stelle am Übergang vom Rücken zum Hals. Darunter liegt der nach oben zeigende Dornfortsatz eines Wirbels.

Vor 6.000 Jahren begannen Menschen, Wildpferde als Haustiere zu halten, das belegen archäologische Funde in der Mongolei.

Esel gehören zur Familie der Pferde. Wildesel leben in trockenen Regionen Afrikas und Asiens. Typisch für Esel sind ihre langen Ohren, eine Stehmähne, eine Quaste am Schweif und sehr harte Hufe.

Mein Streifentier

Kann ich auf einem Zebra reiten? Nein, das geht gar nicht. Auch wenn in Afrika manchmal Zebrafohlen von Menschen aufgezogen werden, kann man sie nicht zähmen. Wenn sie erwachsen werden, wollen sie nichts mehr mit Menschen zu tun haben. Ich finde ihre Streifen wunderschön. Jedes Zebra hat sein eigenes Streifenmuster, so wie es nur einmal auf der Welt deinen Fingerabdruck gibt.

Die Versteinerung eines Eohippus, etwa 50 Millionen Jahre alt, etwa so groß wie ein Kaninchen.

40 Millionen Jahre später ...

Gestatten, mein Name ist Pliohippus. Ich lebte vor etwa zehn Millionen Jahren.

... weitere zehn Millionen Jahre später ...

Die Vorfahren

Unsere Pferde stammen vom Eohippus ab, das lebte vor etwa fünfzig Millionen Jahren und war nur so groß wie ein Kaninchen. Es versteckte sich unter Sträuchern und ernährte sich von Blättern und Früchten. Aus dem Eohippus entwickelte sich das Pliohippus, das überwiegend Gräser fraß und schon mehr wie ein Pferd aussah.

Fellfarben und Abzeichen

Beschreibe dein Lieblingspferd: Brauner, Fuchs, Schimmel, Rappe und Schecke sind die häufigsten Fellfarben. Bunt geht es bei den Islandpferden zu, sie gibt es in über hundert verschiedenen Farben. Andersfarbige Stellen am Kopf und an den Beinen werden Abzeichen genannt. Den Begriff Blesse hast du bestimmt schon mal gehört. An den Beinen bestimmen die Gliedmaße den Namen: weiße Fessel, schwarzer Kronrand oder weißer Fuß.

BLESSE SCHNIPPE LATERNE

FLOCKE STERN KEIL-STERN

PFERDEWISSEN

Die Farben der Pferde

1. Ich bin ein Rappe.
2. Meine Fellfarbe heißt Palomino.
3. + 4. Ich bin ein Fuchs.
5. Meine Fellfarbe heißt Dunkelfuchs.
6. Ich bin ein Brauner.

MAXIS PFERDEWISSEN

Mama, Papa, Kind

Pferde leben nicht in kleinen Familien, sondern in größeren Gruppen zusammen, in denen es eine Rangordnung gibt. Zu Hobbits Herde gehören mehrere Pferde der Reitschule, die sich lange kennen und bestens vertragen.

Lebenslauf der Pferde

Pferde werden nach elf Monaten Tragzeit geboren. Im Alter von etwa einem Jahr werden sie von ihren Müttern nicht mehr gesäugt. Mit etwa vier Jahren sind sie ausgewachsen. Geschlechtsreif werden sie im zweiten Lebensjahr. Ponys können an die 40 Jahre alt werden, Pferde meist nicht älter als 30 Jahre. Das ungefähre Alter der Pferde kann man an dem Grad der Abnutzung der Zähne erkennen. Durch das Kauen des Raufutters werden die Zähne nach und nach abgeschmirgelt und verformen sich. Bei sehr alten Pferde können die Zähne so stark abgenutzt sein, dass sie nur noch weichen Haferbrei fressen können.

In einer Wildpferdeherde leben Hengst, Stute und Fohlen mit anderen Pferdefamilien zusammen. In vielen Ställen werden die Hengste getrennt von anderen Pferden gehalten.

Fohlenzeit

Ein neugeborenes Fohlen steht kurze Zeit nach der Geburt auf und beginnt zu laufen, um mit der Herde mitzuhalten. In einer Wildpferdeherde wird es so lange von der Mutter gesäugt, bis die Stute ein neues Fohlen bekommt, also etwa ein Jahr lang. Meistens wird die Stute gleich nach der Geburt des Fohlens wieder rossig und lässt sich vom Hengst decken. Fohlen sind verspielt und neugierig. Wenn du dich einem Fohlen näherst und es ansprichst, kommt es zu dir. Beobachte die Stute, sie ist darauf bedacht, ihr Fohlen zu schützen.

PFERDELEXIKON

Stute
Weibliches Pferd. Die äußerlichen Geschlechtsorgane liegen unter der Schweifrübe. Den Euter sieht man zwischen den Hinterbeinen, aber nur, wenn die Stute ein Fohlen säugt.

Wallach
Kastrierter Hengst, der sich gut als Reitpferd eignet. Ein Wallach ist nicht mehr fortpflanzungsfähig, ihm werden die Hoden bei einer Operation entfernt, meistens vor der Geschlechtsreife.

Fohlen
Junge Pferde bis maximal drei Jahren. Saugfohlen sind sie bis zu etwa sechs Monaten, dann werden sie meistens von den Müttern getrennt und leben mit anderen Fohlen zusammen.

Hengst
Männliches Pferd. Merkmale sind der Schlauch, in dem der Penis verborgen liegt, und zwei Hoden zwischen den Hinterbeinen. Hengste sind oft kräftiger und stürmischer als Wallache oder Stuten.

Rosse
Die Zeit, in der eine Stute paarungsbereit ist. Von März bis September etwa sechs bis acht Tage alle drei bis vier Wochen, damit das Fohlen in der warmen und futterreichen Zeit geboren wird und groß werden kann.

Trächtigkeit
Die Schwangerschaft beim Pferd dauert etwa elf Monate. Erst gegen Ende der Trächtigkeit sieht man der Stute am Verhalten und am dicken Bauch an, dass sie ein Fohlen bekommt.

Geburt
Ein Fohlen kommt mit den Vorderbeinen und dem Kopf voran zur Welt. Nach der Geburt im Liegen steht die Stute auf und dabei reißen Nabelschnur und Eihaut. Das Fohlen beginnt zu atmen.

Säugen
Fohlen trinken in den ersten zwei Monaten nur Muttermilch. Die erste Milch, die sie trinken, ist sehr wichtig, sie enthält viele Stoffe, die das Immunsystem stärken.

Rangordnung
Für Pferde ist es sicherer, wenn sie sich in Gruppen zusammenschließen und wenn einer bestimmt, wo es langgeht. Die Rangordnung in einer Herde kann sich immer wieder verändern, wenn neue Pferde hinzukommen.

Herde
Pferde leben im Herdenverband zusammen. In der Gruppe sind sie besser vor Feinden geschützt. Pferde verständigen sich untereinander über ihre Körpersprache.

Mein schönes Pferd

Ich liebe es, Hobbit zu putzen. Es ist schön, sein weiches Fell zu bürsten und sein entspanntes Schnauben zu hören. Wenn er glänzt, bin ich stolz. Etwas unheimlich finde ich Hufeauskratzen. Du weißt, was ich meine, oder?

Putzplatz

Putzen solltest du dein Pferd entweder auf der Stallgasse oder draußen am vorgesehen Putzplatz. In der Box zu putzen, ist keine gute Idee. Angebunden wird das Pferd an einem festen, sicheren und ruhigen Anbindeplatz am Halfter mit einem Strick. Pass auf, dass du genug Abstand zu anderen Pferden hältst. Frage nach, ob sich dein Pferd mit dem Nachbarpferd versteht.

Anbindeplatz · Panikhaken

Sicherheitsknoten

Als Fluchttier widerstrebt es dem Pferd, nicht weglaufen zu können. Es muss Vertrauen zum Menschen haben und in Ruhe lernen, dass beim Anbinden keine Gefahr droht. Wichtig: ein Strick mit Panikhaken und ein Sicherheitsknoten, damit das Pferd im Panikfall sofort freikommt. Die Gefahr ist hoch, dass es sich beim Zurückziehen am Kopf oder an der Wirbelsäule verletzt.

Hufe auskratzen

Hufpflege ist nur möglich, wenn das Pferd gut mitmacht. Hobbit hat gelernt, auf ein Stimmsignal hin das Bein zu heben. Ich stelle mich dicht neben das Bein, bücke mich und sage: „Gib Huf." Mit einer Hand halte ich den Huf fest, mit der anderen kratze und bürste ich die Strahlfurchen vorsichtig sauber. Svenja meint: „Bleib geduldig und fokussiert, falls ein Pferd festhält, wegzieht oder zappelt. Es hat gelernt, sich zu entziehen und probiert es auch bei dir. Hol dir Hilfe, wenn nötig."

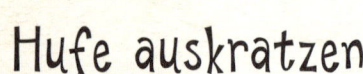

Huffett pflegt das Hufhorn.

MEIN PUTZPLAN

1. Kopf mit der Kardätsche gefühlvoll bürsten, Schopf und Mähne mit Mähnenkamm ordnen.

2. Groben Schmutz am Rumpf mit dem Striegel entfernen, an den Beinen mit der Wurzelbürste. Empfindliche Körperteile wie Kopf und unbemuskelte Stellen aussparen.

3. Mit der Kardätsche, die am Striegel abgerieben wird, Staub entfernen und Fell glätten. Zwischendurch den Striegel am Boden ausklopfen, am Schluss das Fell mit weichem Tuch zum Glänzen bringen.

4. Schweif „verlesen" oder waschen.

5. Hufe außen vorsichtig mit der Wurzelbürste sowie Sohle und Strahlfurchen mit dem Hufkratzer reinigen.

6. Wenn nötig auch Augen, Nüstern, Maul (1. Schwamm) und Schlauch, Euter und After (2. Schwamm) gefühlvoll mit lauwarmem Wasser reinigen, den Schwamm immer gut ausspülen.

Striegel und Kardätsche

Wurzelbürste

Wie das Einflechten geht, findest du auf Seite 89

MEIN PUTZZEUG

- Striegel
- Schwamm
- Kardätsche
- Schweißmesser
- Hufkratzer
- Mähnenkamm
- Wurzelbürste
- Lappen

Schweifhaare verlesen

Schweif

„Stopp, der Schweif wird nicht gebürstet!", ruft Svenja. „Sorry, aber so gehen zu viele Schweifhaare verloren. Hobbit soll doch gut aussehen. Entferne Halme und Späne. Ziehe die einzelnen Strähnen vorsichtig auseinander. Wenn der Schweif richtig schmutzig ist, waschen wir ihn."

15

MAXIS BASTELEIEN

Deine bunte Putzzeugtasche

Vom Taschengeld leiste ich mir ab und zu einen Hufkratzer oder einen Striegel. Aber ein echter Putzkasten ist teuer! Also habe ich kurzentschlossen eine richtig coole Putztasche selbst gestaltet. Es war wirklich ganz einfach – soll ich dir zeigen, wie es geht?

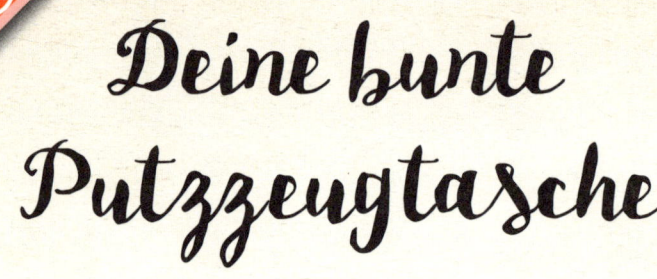

Für die Stempel brauchst du:

- Moosgummi & Kugelschreiber
- Schere & Bastelkleber
- Holzklötze
- Apfel & Küchenmesser
- 8 Korken & Paketschnur

1. Pferdige Tasche

Bepinsele die Moosgummistempel dünn mit Farbe. Drucke viele Herzen und einen Pferdekopf auf deine Tasche. Lasse sie trocknen. Feinheiten wie Augen und Nüstern und die Schrift fügst du danach mit dem Pinsel ein.

1. Moosgummistempel

Zeichne Motive auf das Moosgummi und schneide sie aus. Sie sollten nicht zu fein oder klein sein. Wie wären ein Pferdekopf, ein Herz, ein Stern oder ein Hufeisen? Klebe die Moosgummiteile auf je einen Holzklotz.

2. Apfelstempel

Schneide den Apfel in der Mitte durch.

3. Korkenblumen

Stelle sieben Korken so auf, dass einer in der Mitte ist, die anderen außen herum sind. Verbinde alle mit etwas Kleber und binde sie mit Schnur fest zusammen. Das ist eine große Blume, der einzelne Korken wird eine kleine.

> Schiebe ein Stück Pappe in die Tasche, sonst drückt die Farbe durch. Ich stempele immer zuerst auf einen Stoffrest. So kann ich ausprobieren, wie es geht.

2. Süße Apfeltasche

Pinsele eine Apfelhälfte dünn mit Farbe ein. Bedrucke deine Tasche mit Äpfeln. Benutze die andere Apfelhälfte für eine zweite Farbe. Zum Anbeißen, oder?

3. Blumentasche

Male mit einem Pinsel Grashalme auf die untere Hälfte der Tasche. Lasse sie trocknen. Pinsele die große Korkenblume dünn mit Farbe ein: die äußeren Korken mit einer Farbe, den inneren mit einer anderen. Stempele Blumen. Aus einem einzelnen Korken kannst du Mini-Blumen direkt ins Gras stempeln.

Für deine Taschen brauchst du:
- Textilfarben & Pinsel
- Stofftasche & Stoffreste
- Pappe in der Größe der Tasche
- deine Stempel

Maxis Tipp

Ich habe Kardätsche, Striegel und Wurzelbürste aus hellem Holz. Die habe ich mit Schleifpapier abgeschliffen und dann mit Acrylfarben passend zur Tasche bemalt.

MAXIS TAGEBUCH

Stallluft und Ponyduft

Für Hobbit tue ich alles – auch fegen und ausmisten

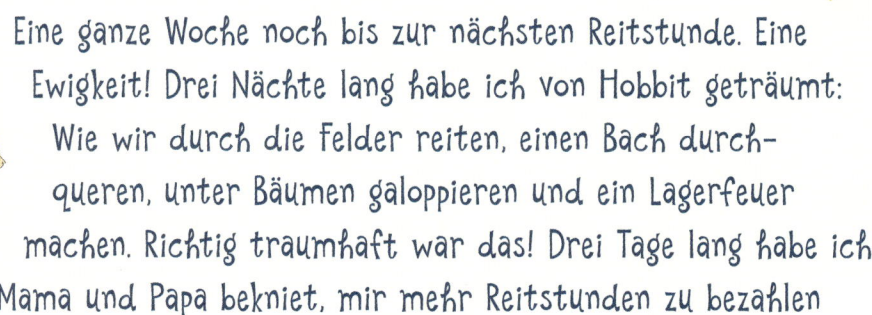

Eine ganze Woche noch bis zur nächsten Reitstunde. Eine Ewigkeit! Drei Nächte lang habe ich von Hobbit geträumt: Wie wir durch die Felder reiten, einen Bach durchqueren, unter Bäumen galoppieren und ein Lagerfeuer machen. Richtig traumhaft war das! Drei Tage lang habe ich Mama und Papa bekniet, mir mehr Reitstunden zu bezahlen (Ergebnis: Nein). Ich habe meinen besten Freundinnen Cleo und Rana von Hobbit vorgeschwärmt (Ergebnis: Sie stecken sich die Finger in die Ohren, wenn ich „Pony" sage). Thilo, Robin, Phil und Timo hören mir sowieso nicht zu. Am vierten Tag musste etwas passieren.

Mit dem Rad bin ich zum Winkelhof gefahren. Es war ganz schön was los auf dem Hof. Ponys wurden geputzt und gesattelt. Kinder wurden mit dem Auto gebracht. Irgendwo wieherte ein Pferd.

Hobbit war nicht in seiner Box, sondern in der Reithalle. Ein kleiner Junge hat ihn geritten. Ich fand es irgendwie voll blöd, dass der Hobbit reiten durfte. Er ist doch mein Liebling!

„Hey, Maxi!", rief jemand mit lauter Stimme. Es war Svenja. Ich war unsicher, ob sie mit mir schimpfen würde. Darf man eigentlich einfach so auf den Hof kommen?

Aber sie war total nett. „Hattest du Sehnsucht nach Hobbit?", hat sie gefragt.

Ich habe genickt. „Und nach dem Geruch hier im Stall und dem Wiehern und dem Putzzeug auch, nach allem. Eine Woche ist sooo lang!"

Svenja hat gegrinst. Ich glaube, sie hat mich verstanden. „Pass auf, Maxi, ich hab eine Idee", hat sie gesagt. „Du kommst nachmittags her, wann immer du Lust hast. Du hilfst uns bei der Stallarbeit. Beim Ausmisten, Füttern, Hoffegen, Putzzeugholen – und solchen Sachen. Dafür darfst du dann auch mal extra reiten. Natürlich erst in ein paar Monaten, wenn du einigermaßen sicher auf dem Pferderücken sitzt. Hast du Lust?"

Ich habe gegrinst von einem Ohr bis zum anderen. „Ja, ja, jaaa!", hab ich gejubelt.

„Ich warne dich, das ist echt harte Arbeit", hat Svenja noch gesagt. „Elena!", hat sie dann gebrüllt. „Maxi hilft dir, okay?"

Elena hat genickt. „Hey, Maxi!

Hobbit

Kannst gleich mitkommen, ich wollte gerade Sättel putzen", hat Elena gesagt. Im Hof haben wir zwei Sättel auf Böcke gelegt.
„Sattelseife und Sattelfett sind in der Sattelkammer", meinte Elena. „Linke Tür. Bring auch ein paar Lappen mit, die sind ganz oben!"
„Okay." Wo die Sattelkammer war, wusste ich schon. Nur war da drin kein Schrank mit Türen!
„Wie lange dauert das noch?", rief Elena ungeduldig von draußen.
„Komme gleich!" Ich hab weitergesucht wie eine Irre. Zum Glück kam da Lissy aus meiner Gruppe herein.
„Weißt du, wo hier ein Schrank sein soll?", hab ich verzweifelt gefragt.
Sie hat nichts gesagt, nur eine Tür aufgemacht. Eine richtige Tür! Ich hatte gedacht, die würde in den Stall führen. Aber nee, dahinter war ein Wandschrank voller Putzzeug und eben auch Sattelseife, Sattelfett und Lappen. Ups! Zum Glück hat Lissy nur gegrinst und Elena nichts verraten.
Wir haben also Sättel geputzt und gefettet, das roch ganz gut. Dann haben wir Boxen ausgemistet. Das roch nicht so gut! Und schwer war es auch! Mit der Mistgabel immer rein in die Haufen, Schubkarre voll und ab damit zum Misthaufen. Ich habe die ganze Zeit über an Hobbit gedacht und da hat mir das Ausmisten fast Spaß gemacht. Ich will ja schließlich, dass Hobbit in einer schönen, sauberen Box steht. Ohne ausmisten kein reiten, das ist ja klar.
Nach dem Ausmisten hat Svenja mich dann noch gebeten, die Stallgasse zu fegen. Danach war ich völlig platt.
„Genug für heute", hat Svenja gesagt. „Jetzt haben alle Feierabend, auch die Pferde. Möchtest du Hobbit auf die Koppel bringen?"
Und ob ich das wollte! Hobbit stand im Hof, mit Halfter und Strick angebunden. Svenja hat gleich zwei Pferde geführt, Cicero und Caesar. Elena führte zwei, deren Namen ich noch nicht wusste. Hobbit ging einfach hinterher, ich musste gar nichts machen.
Umso besser, so konnte ich es einfach genießen: Hobbit und ich und die Nase voller Ponyduft.

MAXIS PFERDEWISSEN

Flanke, Kruppe, Griffelbein

... Kastanie, Widerrist, Schweifrübe. Manche Körperteile des Pferdes haben echt ungewöhnliche Namen. Aber mir macht es Spaß, sie zu lernen, denn ich möchte unbedingt mein erstes Reitabzeichen bestehen. In der Prüfung werden auch die Körperteile direkt am Pferd abgefragt. Mach doch mit beim Lernen!

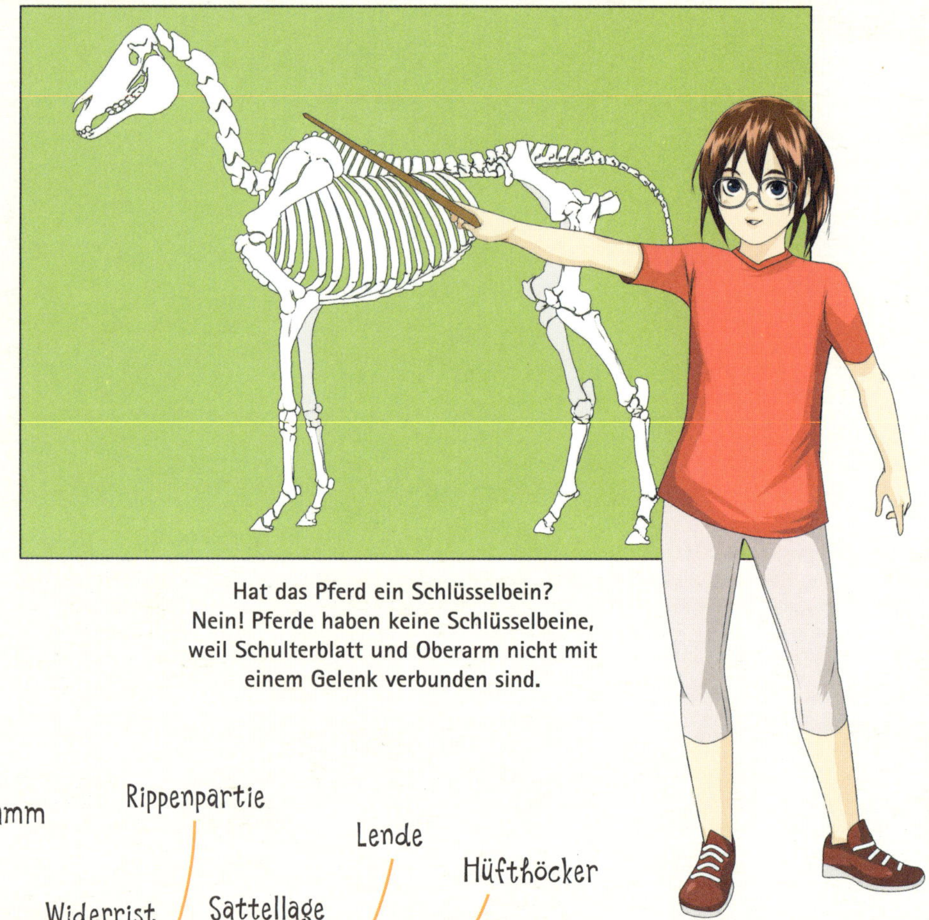

Hat das Pferd ein Schlüsselbein? Nein! Pferde haben keine Schlüsselbeine, weil Schulterblatt und Oberarm nicht mit einem Gelenk verbunden sind.

- Schopf
- Auge
- Stirn
- Nüstern
- Ohr
- Genick
- Hals
- Ganasche
- Mähnenkamm
- Widerrist
- Rippenpartie
- Sattellage
- Lende
- Hüfthöcker
- Kruppe
- Schweifrübe
- Backe
- Schulter
- Brust
- Ellbogen
- Unterarm
- Bauch
- Kastanie
- Griffelbein
- Kronrand
- Ballen
- Flanke
- Schlauch
- Huf
- Schweif
- Oberschenkel
- Knie
- Unterschenkel
- Fessel

Wirbelsäule, Knochen und Gelenke

Das Knochenskelett eines Pferdes besteht aus knapp 210 Knochen. Der Hauptteil der Wirbelsäule ist wenig biegsam, er trägt das schwere Verdauungssystem. Hals und Schweif sind dagegen gut beweglich. Die Knochen des Bewegungsapparates sind über Gelenke und Bänder miteinander verbunden. Pferde sind Zehengänger, sie laufen auf den mittleren Gliedern von Hand und Fuß.

Gelenkige Pferdebeine

> Wusstest du, dass du nicht auf der Wirbelsäule des Pferdes sitzt, sondern auf dem Rückenband und den Rückenmuskeln?

Muskeln, Sehnen, Bänder

Ein Pferd bewegt sich kräftesparend und überwiegend langsam. Es ist bis zu 20 Stunden täglich mit Grasen beschäftigt. Wenn nötig, kann es aber auch lossprinten. Über 700 Muskeln sind für die Bewegung zuständig. Die Muskeln sind über Sehnen und Bänder mit den Knochen verbunden. Am stärksten ist das Rückenband, das den schweren Pferdekopf trägt.

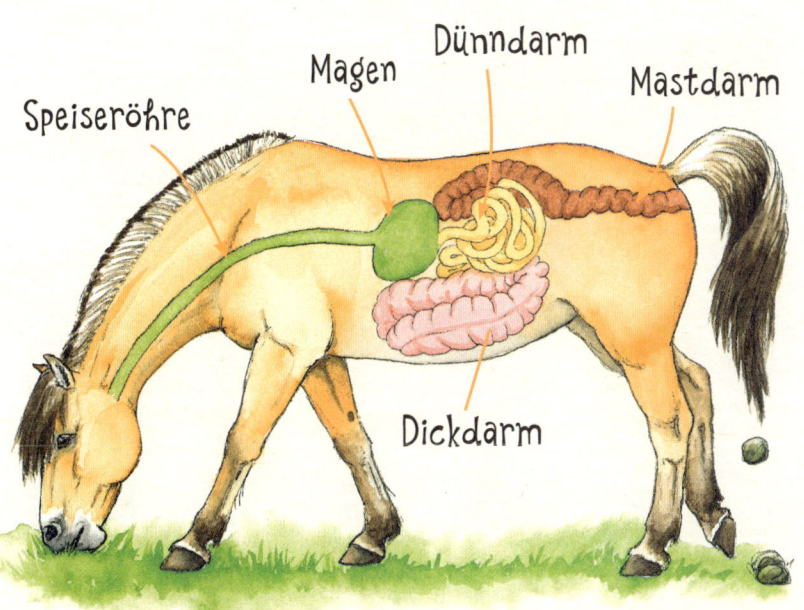

Speiseröhre · Magen · Dünndarm · Mastdarm · Dickdarm

Achtung Pferdeäppel

Verdauungssystem

Gräser und Kräuter, die Hauptnahrungsquelle von Pferden, enthalten wenig Nährstoffe. Deshalb müssen Pferde viele kleine Portionen über den ganzen Tag verteilt fressen. Der Magen ist relativ klein, das Darmsystem ist über 20 Meter lang. Im Darm werden die Nährstoffe aus dem Futter mithilfe von zahlreichen Darmbakterien aufgeschlossen.

Herz und Lunge

Das Herz des Pferdes wiegt rund vier Kilogramm und pumpt etwa 45 Liter Blut durch den Körper. Mit dem Blut werden Nährstoffe und Sauerstoff zu den Organen transportiert. Die Pferdelunge ist fast dreimal so groß wie die des Menschen. Das Pferd kann nur durch die Nüstern atmen und wird krank, wenn es ständig staubige und muffige Stallluft einatmen muss. Also raus mit ihm auf die Weide oder auf den Paddock, auch im Winter.

Pulsmessen

Puls, Atmung, Temperatur = PAT

Pferde haben einen Ruhepuls von 28 bis 40 Schlägen pro Minute. Man kann den Puls am besten am Kopf zwischen den Gamaschen erfühlen. Pferde atmen 8 bis 16 Mal pro Minute. Der Wert kann im vollen Galopp auf bis zu 100 Atemzüge ansteigen. Die Atmung kannst du am Brustkorb oder an den Nüstern erkennen. Die Normaltemperatur eines erwachsenen Pferdes liegt bei 37,5 bis 38,2° C. Bei Anstrengung kann sie auf 40° C ansteigen. Die Körpertemperatur misst du im Po des Pferdes.

MAXIS BASTELEIEN

Bilderrahmen und Glücksfänger

Du weißt bestimmt, dass Hufeisen Glück bringen, oder? Wenn in deinem Reitverein die Pferde beschlagen werden, frage den Hufschmied nach alten Eisen. Damit holst du das Ponyglück in dein Zimmer!

Los, Hobbit, lächeln!

Für den Bilderrahmen brauchst du:

- Foto & feste Pappe
- Hufeisen
- Schere & Bleistift
- doppelseitiges Klebeband
- ca. 50 cm Band

1. Bilderrahmen

- Klebe zwei Streifen doppelseitiges Klebeband auf die Pappe. Ziehe die Schutzfolie ab und klebe das Foto darauf.
- Lege das Hufeisen auf das Foto und male mit Bleistift außen herum.
- Schneide die Form etwas kleiner aus.
- Probiere nun aus, ob das Foto gut hinter das Eisen passt.
- Fädele das Band durch die oberen Löcher des Eisens und verknote die Enden auf der Rückseite.
- Klebe kleine Stücke doppelseitiges Klebeband hinten auf das Eisen.
- Nun drückst du das Foto dahinter. Verstecke dabei auch die Bandenden.

Für den Glücksfänger brauchst du:

- Hufeisen
- Wolle
- 8–10 Perlen
- Schere
- Klebeband

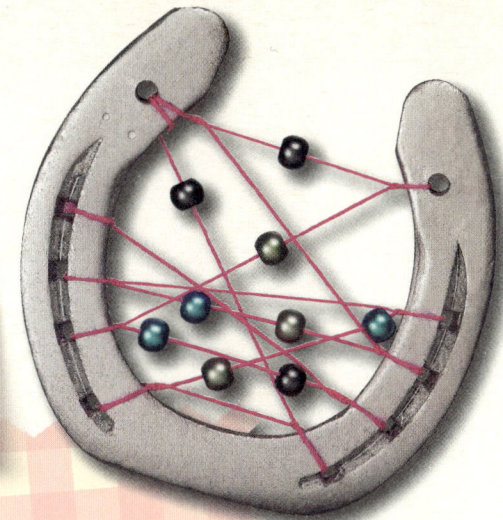

Perlen kann man auch selbst machen. Du brauchst dafür ein etwa 2 cm schmales und 10 cm langes Dreieck aus Papier. Wickele es von der 2 cm schmalen Seite her eng auf und klebe die Spitze fest.

2. Glücksfänger

- Schneide etwa 2 m Wolle ab und fädele ein Ende durch ein Loch am Hufeisen.
- Verknote die Wolle auf der Rückseite und klebe sie dort mit etwas Klebeband fest.
- Nun fädelst du sie hin und her durch die Löcher. Es entsteht eine Art Spinnennetz. Fädele Perlen mit auf.
- Wenn dir dein Glücksfänger gefällt, verknotest du die Wolle auf der Rückseite, schneidest sie ab und klebst sie mit Klebeband fest.

Durch die oberen Löcher kannst du ein festes Band fädeln. Hänge deinen Glücksfänger dort auf, wo du viel Glück brauchst: zum Beispiel über dem Bett (für schöne Ponyträume) oder über dem Schreibtisch (für die Hausaufgaben).

Woher kommt das Glück?

Früher war Eisen richtig wertvoll. Ein Hufeisen zu finden, war ungefähr so wie für uns, einen Geldschein zu finden.

Übrigens: Du musst Hufeisen immer so aufhängen, dass die Öffnung oben ist. Sonst fällt das Glück heraus!

richtig: falsch:

Maxis Tipp

Vor dem Basteln solltest du dein Hufeisen mit einer Drahtbürste sauber schrubben. Und wenn du magst, dann lackiere es in deiner Lieblingsfarbe!

MAXIS REITSCHULE

Zäumen und satteln

Es ist ganz schön kompliziert, das Gebiss ins Maul zu schieben und dann das Kopfstück über die Ohren zu ziehen. Und ob der Sattel richtig liegt, kontrolliert Svenja vor jeder Reitstunde.

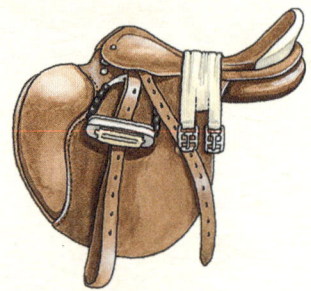
Springsattel

Satteln

- Du trägst den Sattel mit beiden Händen, der Sattelgut liegt über dem Sattel.
- Du hebst ihn auf der linken Seite über den Rücken des Pferdes und legst ihn vorne am Widerrist auf.
- Schiebe ihn in die passende Position nach hinten. Dabei wird das Fell glattgestrichen.
- Die Satteldecke darf keine Falten werfen, das wird auch auf der rechte Seiten kontrolliert.
- Du lässt den Sattelgurt herunter und wechselst die Seite, um den Gurt zu schließen.
- Der Sattelgurt wird an zwei Schnallen befestigt, die dritte Strippe ist zur Sicherheit am Sattel, falls eine reißt.

Steigbügellänge prüfen

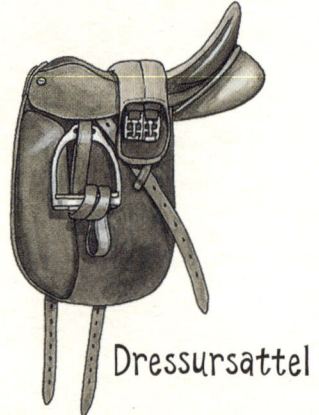
Dressursattel

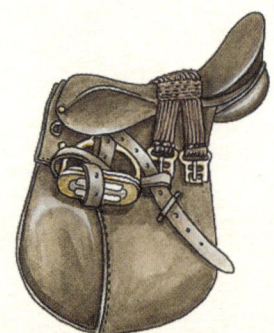
Vielseitigkeitsattel

Westernsattel

Zäumen

Ich nehme das Zaumzeug, lege die Zügel über den Hals, entferne das Halfter, halte mit der linken Hand das Gebiss, mit der rechten Hand das Zaumzeug, schiebe das Gebiss ins Maul und das Kopfstück vorsichtg über Augen und Ohren. Die Schnallen werden von „oben nach unten" geschlossen: Kehlriemen (eine Faust muss dazwischenpassen), Nasenriemen und eventuell Kinnriemen (Daumenbreite muss passen) schließen. Schopf über den Stirnriemen ziehen, Mähne ordnen, Zügel über den Hals in beide Hände nehmen. Fertig.

1. Halfter abnehmen

2. Mundstück ins Maul

3. Kehlriemen schließen

Zaumzeug

Es gibt viele verschiedene Arten von Zaumzeugen, Gebissen und Hilfszügeln. In deinem Reitstall sind die Pferde und Ponys wahrscheinlich mit Reithalfter und Wassertrense ausgerüstet. Wichtig ist, dass Zaumzeug und Gebissstück nicht zu weit oder zu schmal sind. Die meisten Pferde haben Trensengebisse im Maul. Sie sind aus Metall, haben ein Gelenk in der Mitte und liegen auf der Zunge des Pferdes an der Stelle, an dem es von Natur aus keine Zähne hat. Die Riemen des Zaumzeugs halten es sicher am Kopf. Zwischen Nasen- und Sperrriemen sollten zwei Finger Platz haben, damit das Pferd gut atmen kann.

WUSSTEST DU, DASS …

… du beim Abstrensen die Riemen „von unten nach oben" öffnest: erst Kinn-, Nasen-, dann Kehlriemen. Warte, bis das Pferd das Gebissstück von sich aus hergibt, es soll nicht an die Zähne stoßen.

Maxis Tipp

Versuche mal, deine Freundin mit Zügeln zu lenken. Sie schlingt sich einen Strick um den Bauch, du hältst die Enden und läufst hinter ihr. Wenn du dich in die Richtung wendest, in die du möchtest, spürt das vorne dein „Pferd".

MAXIS REITSCHULE

Aufsitzen und oben bleiben

Hopp und rauf – dachte ich. Denkste! Hobbit blieb erst nicht stillstehen, als ich nachgurten wollte. Dann kam ich nicht richtig mit dem Fuß in den Steigbügel, und als ich oben saß, maschierte Hobbit sofort los. Puh!

Ohne Sattel kommt man (außer man ist supersportlich oder Voltigierer) nur mit Aufsteighilfe oder einem Helfer aufs Pferd

Richtig aufsitzen

- Sattelgurt auf der linken Seite festziehen
- Steigbügellänge beidseitig einstellen, mit deiner Armlänge prüfen
- Pferde- und sattelschonend ist es, mit einer Aufsteighilfe auf den Pferderücken zu gelangen
- Linken Fuß in den Steigbügel schieben, beide Hände halten die Zügel, vorn am Sattel anfassen
- Mit Schwung hochziehen, sanft in den Sattel gleiten, rechten Steigbügel aufnehmen
- Steigbügellänge nochmals überprüfen

Runter vom Pferd

- Beide Füße aus den Steigbügel nehmen, erst dann geht's abwärts!
- Das Bein schwungvoll über die Kruppe heben, nicht das Pferd berühren!
- Sattelgurt etwas lockern, Steigbügel hochziehen und Zügel über den Hals nach vorn nehmen

Rückwärts ohne Sattel reiten geht nur, weil Hobbit so brav und erfahren ist! Wenn du es mal probieren möchtest, frage deine Reitlehrerin.

Dressursitz

Das ist der übliche Sitz: Blick geradeaus, gerader Rücken, bewegliches Becken, Ellbogen leicht winkeln, sodass die Unterarme in Richtung Pferdemaul zeigen, Hände locker halten und unverkrampft die Fäuste um die Zügel schließen, Beine locker hängenlassen, die Waden berühren den Pferdebauch, Steigbügel unter den Fußballen belasten.

So ist es richtig: Unterarm, Hand, Zügel und Pferdemaul bilden eine gerade Linie.

In der Schrittphase am Anfang und am Ende der Stunde lässt man die Zügel ganz lang, damit das Pferd den Hals strecken kann.

Leichter Sitz

wird auch Entlastungssitz genannt, weil du den Pferderücken schonst, indem du den Po aus dem Sattel hebst und den Oberkörper nach vorn neigst. Die Steigbügel werden dafür zwei bis drei Löcher kürzer geschnallt. Wichtig ist, dass du dein Gleichgewicht findest und deine Füße sicher in den Steigbügeln stehen. Den leichten Sitz nimmst du im Gelände und beim Springen ein. Auch beim Einreiten junger Pferde ist es sinnvoll, den Pferderücken im Galopp zu entlasten.

Im Galopp

Gleichgewicht und Lenkung

Aufrecht und unverkrampft auf dem Pferd zu sitzen, ist anspruchsvoll, weil du ständig mit dem Pferd in Bewegung bist. Dein Gehirn und dein Körper sind damit beschäftigt, das Gleichgewicht zu halten. Zuerst geht es darum, dass du dich einfach tragen lässt.
Später wirkst du auf das Pferd ein, damit es Richtung und Tempo einschlägt, wie du möchtest. Du lenkst mit deiner Blickwendung und der daraus folgenden Gewichtsverlagerung.

Auch wenn ich Hobbit am liebsten reite, ab und zu reite ich im Unterricht andere Pferde, damit ich Erfahrung sammeln kann. Denn jedes Pferd reagiert ein bisschen anders.

Pferdestarke TESTS

Welcher Pferdetyp passt zu dir?

Bestimmt gibt es in deinem Reitstall eine Menge Pferde und Ponys: kleine und große, junge und alte, ruhige und hitzige. Und welches Tier passt am besten zu dir? Mit meinem pferdestarken Test findest du es heraus. Einfach alle Fragen beantworten, die Anzahl der Symbole verrät dir die Antwort – viel Spaß!

HIER KANNST DU DEINE WAHL ANKREUZEN:

1. Seit wann reitest du?
- ★ Habe gerade erst angefangen.
- ♞ Seit ein paar Monaten oder einem Jahr
- ♥ Schon ewig!

2. Wie oft gehst du in den Stall?
- ♥ Jeden Tag
- ★ Einmal die Woche
- ♞ Mehrmals pro Woche

3. Und wie oft möchtest du am liebsten reiten?
- ♞ Mehrmals pro Woche
- ★ Einmal die Woche
- ♥ Jeden Tag

4. Worauf reitest du lieber, Pony oder Großpferd?
- ♞ Großpferd
- ★ Pony
- ♥ Solange es brav ist – beides

5. Wie reitest du am liebsten?
- ☆ An der Longe
- ♥ Im Gelände
- ⛑ In der Abteilung

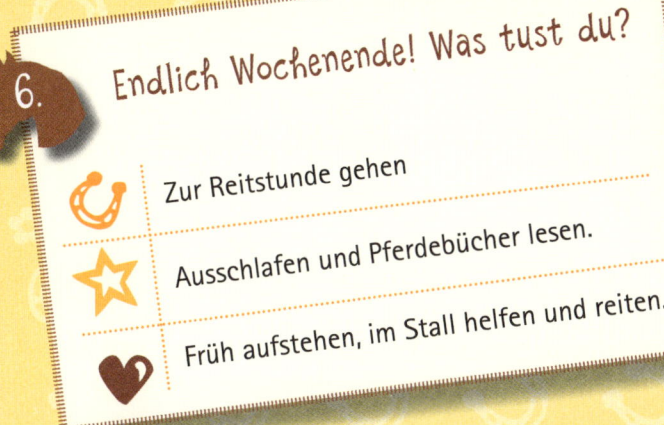

6. Endlich Wochenende! Was tust du?
- ⛑ Zur Reitstunde gehen
- ☆ Ausschlafen und Pferdebücher lesen.
- ♥ Früh aufstehen, im Stall helfen und reiten.

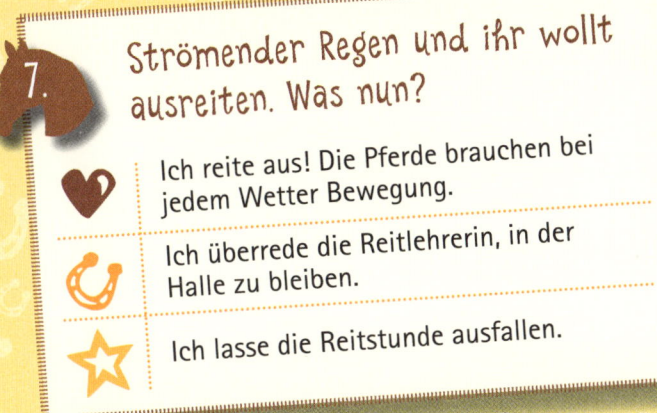

7. Strömender Regen und ihr wollt ausreiten. Was nun?
- ♥ Ich reite aus! Die Pferde brauchen bei jedem Wetter Bewegung.
- ⛑ Ich überrede die Reitlehrerin, in der Halle zu bleiben.
- ☆ Ich lasse die Reitstunde ausfallen.

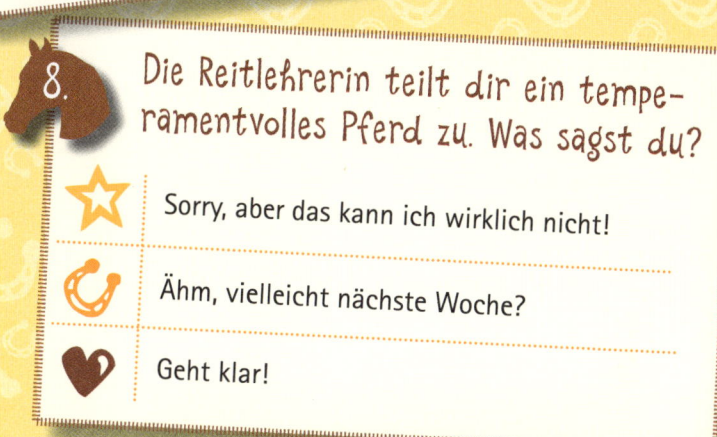

8. Die Reitlehrerin teilt dir ein temperamentvolles Pferd zu. Was sagst du?
- ☆ Sorry, aber das kann ich wirklich nicht!
- ⛑ Ähm, vielleicht nächste Woche?
- ♥ Geht klar!

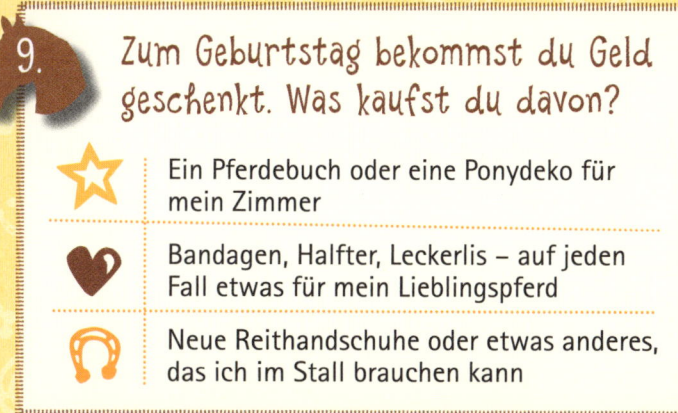

9. Zum Geburtstag bekommst du Geld geschenkt. Was kaufst du davon?
- ☆ Ein Pferdebuch oder eine Ponydeko für mein Zimmer
- ♥ Bandagen, Halfter, Leckerlis – auf jeden Fall etwas für mein Lieblingspferd
- ⛑ Neue Reithandschuhe oder etwas anderes, das ich im Stall brauchen kann

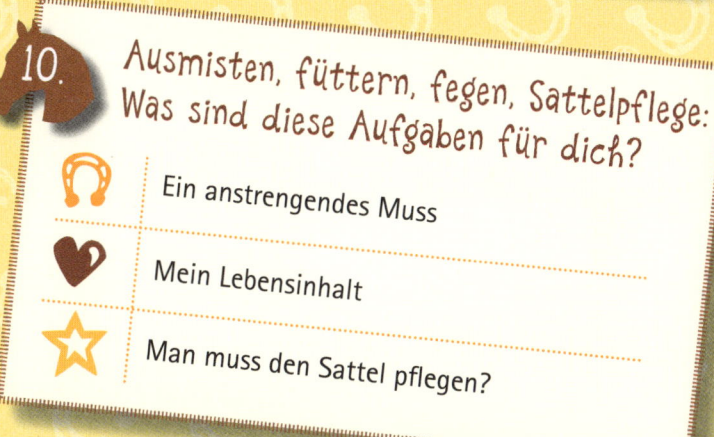

10. Ausmisten, füttern, fegen, Sattelpflege: Was sind diese Aufgaben für dich?
- ⛑ Ein anstrengendes Muss
- ♥ Mein Lebensinhalt
- ☆ Man muss den Sattel pflegen?

Welche Antwort hast du am häufigsten gewählt: ,  oder ?
Hier kannst du nachlesen, was das bedeutet.

☆ REITSCHULPONY

Du fühlst dich auf dem Pferderücken noch als Anfängerin. Ein- oder zweimal pro Woche gehst du in die Reitschule. Du findest die Pferde dort unheimlich süß, aber auch ein bisschen beängstigend. Deshalb beruhigt es dich auch, wenn dir jemand beim Putzen und Satteln beisteht. Um Füttern und Ausmisten möchtest du dich auch noch nicht kümmern. Ein liebes, braves Reitschulpony, nicht zu groß und mit viel Ruhe und Erfahrung – das ist für dich genau das Richtige!

⛑ PFLEGEPFERD

Du reitest schon ein Weilchen und bist voll mit dem Pferdevirus infiziert! Für deine Lieblingstiere nimmst du dir viel Zeit und würdest am liebsten jeden Tag bei ihnen sein. Turniere sind dir bisher nicht so wichtig, aber wer weiß schon, was später noch kommt. Vielleicht wäre dann ein Breitensportwettbewerb etwas für dich? Sich jeden Tag um ein liebes Pflegepferd kümmern, es putzen und reiten, aber jemand anders sorgt für Stall, Futter und Tierarzt: So sieht dein Pferdetraum aus!

♥ EIGENES PFERD

Du reitest fast genauso lange, wie du laufen kannst, und hast vor keinem Pferd Angst. Du putzt, versorgst und reitest einfach alle Pferde und Ponys gern und bist schon bei Turnieren gestartet! Kein Wunder, denn du kommst mit allen Pferden klar, auch wenn sie unerfahren oder schwierig sind. Du würdest jede freie Minute und all dein Taschengeld für ein Pferd opfern und bist sehr fleißig und zielstrebig. Ein eigenes Pferd, für das du die volle Verantwortung trägst? Du fühlst dich dafür absolut bereit!

MAXIS PFERDEWISSEN

Die Sprache der Pferde

Ich liebe es, mit Hobbit spazieren zu gehen und ihn grasen zu lassen. Er senkt den Kopf, um das Gras abzubeißen, wedelt mit dem Schweif, um Insekten zu vertreiben, und dreht seine Ohren in verschiedene Richtungen.

- Die Ohren können nach vorn, seitlich oder nach hinten bewegt werden.
- Die Augen liegen seitlich am Kopf, das Pferd kann deshalb fast rundum sehen.
- Die Nasenlöcher heißen Nüstern. Die Nüstern können sich öffnen und schließen.
- Über die Zunge nimmt das Pferd den Geschmack von Wasser und Futter auf.
- Mit der Haut und dem Fell nimmt das Pferd Berührungen wahr, es reagiert sensibel auf leichtesten Kontakt.

Die Sinnesorgane

Das Pferd hat dieselben Sinnesorgane wie du: Augen, Nase, Ohren, Zunge und Haut. Als Beutetier ist es stets auf der Hut vor Feinden. Auch wenn dein Reitpferd ja gar nicht angegriffen wird, das Fluchtverhalten ist beim Pferd tief verankert. Du musst Verständnis und Geduld dafür haben, dass sich dein Pferd vor Dingen fürchtet, die du überhaupt nicht wahrnimmst oder gar nicht bedrohlich findest. Pferdeohren sind sehr beweglich und können Töne aus verschiedenen Richtungen wahrnehmen. Mit den seitlich am Kopf liegenden Augen kann das Pferd mehr sehen als du, ohne den Kopf zu drehen. Das Pferd hat feine Geruchs- und Geschmackssinne, um bekömmliches Futter, aber auch Feinde und Artgenossen zu identifizieren. Und es merkt sofort, wenn ein winziges Insekt auf dem Fell sitzt.

Was siehst du?

Pferde haben mit den seitlch am Kopf liegenden Augen fast Rundumsicht. Ich muss dazu meinen Kopf wenden. Hobbit macht es, um scharf zu sehen, das geht nur, wenn er etwas mit beiden Augen anvisiert. Pferde können nicht alle Farben sehen so wie wir. Am besten nehmen sie Grün-, Gelb- und Blautöne wahr.

KÖRPERSPRACHE BILDLEXIKON

Augenspiel

Der Blick des Pferdes sagt viel über die Stimmung aus. Hier wird der Fotograf aufmerksam beobachtet.

Begrüßung

Hier sagt ein Jungpferd dem Leithengst Hallo. Der Hengst ist freundlich gestimmt, das zeigt die Ohrenstellung.

Fellkraulen

Gegenseitige Fellpflege ist eine Geste unter Freunden, kann auch eine Aufforderung zum Spielen sein.

Ruhe

Hinlegen zum Schlafen und Dösen kommt infrage, weil sich das Jungferd in der Herde sicher fühlt.

Treiben

Der Leithengst treibt ein Jungpferd mit tiefer Kopfhaltung und angelegten Ohren vor sich her.

Führung

Der Leithengst zeigt Stärke und präsentiert sich mit geöffnetem Maul und erhobenem Schweif.

Mimik

Damit ist der Gesichtsausdruck des Pferdes gemeint. Ist das Maul entspannt oder verkniffen? Blicken die Augen freundlich oder angriffsbereit? Sind die Ohren gespitzt oder eng an den Kopf angelegt? Sehen die Nüstern entspannt oder verkniffen aus? Du kannst lernen, die Mimik zu deuten.

Flehmen

Beim Flehmen werden Gerüche mit dem Jacobson-Organ wahrgenommen. Dieses besondere Sinnesorgan liegt unter der Oberlippe. Man sieht dieses Verhalten meist bei Hengsten, die den Geruch einer Stute aufnehmen. Flehmen kann auch auf eine Kolik hindeuten, siehe Seite 61.

Hobbit, magst du den Geruch von Apfelshampoo? Manche Gerüche können Pferde zum Flehmen bringen.

Schritt, Trab, Galopp

„Spüre, wie sich Hobbits Schritte anfühlen. Lasse einfach mal die Beine baumeln und mache die Augen zu", sagt Svenja. Im Schritt wiege ich dahin. Meine Beine schaukeln wechselseitig links und rechts an Hobbits Bauch. Schön!

SCHRITT ist eine langsame und bequeme Gangart des Pferdes. Es sind immer zwei oder drei Hufe gleichzeitig auf dem Boden, es entsteht wenig Schwingung, dadurch ist Schritt leicht zu sitzen. Schritt wird immer zum Aufwärmen am Anfang und am Ende zum Abkühlen geritten.

Im **TRAB** kommen zwei Hufe gleichzeitig auf dem Boden auf. Es sind die diagonalen Beine, zum Beispiel vorne links und hinten rechts. Durch diese recht schnellen Wechselbewegungen der Beine entsteht viel Schwung. Leichttraben ist am Anfang die beste Sitzart im Trab (siehe Seite 37).

Mein großer Traum, endlich zu galoppieren. Das fühlt sich toll an, fast wie fliegen.

Rückwärts

Wenn Pferde rückwärtsgehen, tun sie das in der gleichen Fußfolge wie im Trab. Das Bein vorne links und das Bein hinten rechts treten gleichzeitig nach hinten, danach die Beine vorn rechts und hinten links. Üblicherweise lässt man das Pferd eine Pferdelänge rückwärtstreten, das sind drei bis vier Tritte.

Gefühl für Takt

Probiere einmal aus, die Gangarten selbst zu laufen. Dafür müsstest du natürlich auf vier Beinen laufen, aber es geht auch auf zwei Beinen. Schritt ist ein Viertakt. Gehe normal langsam und zähle bis vier: eins, zwei, drei, vier.

Trab ist ein Zweitakt. Laufe, hebe deutlich die Knie und zähle: eins, zwei, eins zwei.

Galopp ist ein Dreitakt. Hüpfe mit einem Bein nach vorn und ziehe im Sprung das andere nach. Zähle: eins, zwei, drei. Das Zählen hilft dir auch beim Reiten. Wenn du in den Übergängen an den neuen Takt denkst, verändert das deine Körperhaltung. Wenn du vom Trab zum Schritt durchparierst, zähle im Kopf eins, zwei, gebe die Hilfen, atme aus und zähle eins, zwei, drei, vier. Das Pferd geht Schritt.

Galopp auf zwei Beinen. Ich kann das auch.

GALOPP ist die schnellste Gangart des Pferdes. Man unterscheidet zwischen Links- oder Rechtsgalopp, weil in der Bewegung entweder das linke oder das rechte Vorderbein vorgreift. Es gibt eine Schwebephase, in der kein Bein den Boden berührt. Vollblüter rasen auf der Rennbahn kurzfristig bis zu 72 km/h.

TÖLT UND PASS sind die Gangarten von Fünfgängern. Islandpferde zeigen diese Gangarten, auch in Südamerika gibt es töltende Pferderassen. Tölt ist wie Schritt ein Viertakt und bequem zu sitzen. Pass ist ein Zweitakt. Wie im Trab gehen zwei Beinpaare vor und zurück, aber gleichseitig.

Tölt — Pass

Schiefe des Pferdes

Fast jedes Pferd kommt schief auf die Welt, das wird oft mit der Rechts- und Linkshändigkeit beim Menschen verglichen. Wenn ein Reiter auf dem Rücken sitzt, können Gelenke und Muskeln durch das Ungleichgewicht auf Dauer Schaden nehmen. Es ist die Aufgabe des Ausbilders, das Pferd so zu trainieren, dass die Schiefe ausgeglichen wird. Dazu sind die Hufschlagfiguren nützlich. „Reite dein Pferd vorwärts und richte es gerade", lautet ein Reitlehrerspruch. Damit ist gemeint, dass das Pferd energisch vorwärtsgehen muss. Die Hinterbeine sollen in dieselbe Hufspur treten wie die Vorderbeine, dann ist es in sich geradegerichtet, auch wenn es auf einer Zirkellinie geht.

FORTBEWEGUNG

Im Schritt sagt man Schritte, im Trab und im Rückwärts sind es Tritte und im Galopp heißt es Sprünge.

MAXIS BASTELEIEN

Pferdezeichnen leicht gemacht

Wenn ich nicht im Stall bin, liebe ich es, Hobbit zu malen. Ich übe schon lange, aber trotzdem sieht er manchmal komisch aus. Soll ich dir ein paar Tricks zeigen, wie man Pferde leichter zeichnen kann? Und wenn du einen pferdestarken Stifthalter brauchst, habe ich gleich eine passende Idee für dich.

Zum Zeichnen brauchst du:
- Papier
- Bleistift
- Lineal
- Radiergummi

1. Pferdekopf aus einem Quadrat

- Zeichne ein Quadrat auf ein größeres Blatt Papier. Das Quadrat soll auf der Spitze stehen. Mit Lineal und Bleistift markierst du zart die Diagonalen.

- Zeichne nun einen Pferdekopf. Die Seiten des Papiers und die Diagonalen sind deine Hilfslinien.

- Ergänze Feinheiten wie Mähne, Augen und Nüstern.

- Zum Schluss kannst du die Hilfslinien wegradieren und dein Pferd anmalen.

2. Pferd aus Kreisen

Zeichne einen kleinen und zwei große Kreise. Ergänze nach und nach Beine, Hals und weitere Details wie Ohren, Schweif und Mähne.

zuerst drei Kreise

die Kreise verbinden

ein Pferd malen

die Hilfslinien wegradieren

So sieht die Zeichnung aus, wenn du Augen, Maul und Nüstern, Mähne und Schweif eingezeichnet hast. Mit einem Horn oder Flügeln wird dein Pferd zum Fantasiewesen!

Für den Stiftehalter brauchst du:

- leere Dose
- Wellpappe (DIN-A4)
- doppelseitiges Klebeband
- Schere, Bleistift, Lineal
- schwarzen Filzstift
- Wollreste
- Bastelkleber

3. Stiftehalter

- Miss Höhe und Umfang der Dose aus und schneide einen passenden Streifen Wellpappe zu.
- Klebe doppelseitiges Klebeband um die Dose, ziehe die Schutzfolie vom Klebeband ab und klebe die Wellpappe um die Dose.
- Zeichne einen Pferdekopf auf die Rückseite der restlichen Wellpappe, male den Hals dabei 1 cm länger (das wird die Klebelasche).
- Schneide ihn aus und lege ihn auf die Rückseite der Wellpappe (mit der gewellten Seite nach oben!).
- Male herum und schneide wieder aus. Du hast jetzt zwei Pferdeköpfe! Augen und Nüstern malst du mit Filzstift auf. Die Klebelaschen faltest du nach vorne.
- Als Mähne klebst du Wollfäden zwischen die Köpfe, dann klebst du die Pferdeköpfe zusammen. Die Klebelaschen darfst du nicht zusammenkleben, denn damit klebst du den Kopf an den Körper.
- Jetzt noch einen Schweif aus Wolle innen an der Dose befestigen, er sollte deutlich über den Dosenrand hängen. Fertig ist dein Mini-Pony!

Maxis Tipp

Hat deine Dose eine scharfe Kante? Dann bitte deine Eltern, festes Klebeband darüberzukleben! Mit Pinsel und Tuschkasten wird aus deinem Stifthalter-Pony ganz schnell ein lustiger Schecke.

MAXIS REITSCHULE

Sitzschule fürs Gleichgewicht

Erinnert dich das an den Turnunterricht? Macht nichts – Gymnastik auf dem Pferd macht echt Spaß! Und du verbesserst dabei dein Gleichgewicht, das ist ganz wichtig für dich als Reiterin.

Augen schließen

Trainieren im Sattel

Kannst du Skateboard fahren oder auf der Slackline balancieren? Dann hast du ein gutes Körpergefühl! Die Übungen 1 bis 5 helfen dir im Sattel, den Pferdebewegungen besser folgen zu können. Los geht's an der Longe, dann kannst du dich ganz auf dich selbst konzentrieren. Frage deine Reitlehrerin nach einer Longenstunde oder bitte eine Freundin, dein Pony zu longieren, während du übst.

An der Longe

Longieren nennt man das Führen eines Pferdes an einer langen Leine auf einem Zirkel. Der Longenführer hält die Longe in der Hand, die näher am Pferdekopf ist, und die Peitsche in der hinteren Hand, um das Pferd treiben zu können. Beim Longieren ist es nützlich, wenn das Pferd gelernt hat, auf dein Stimmsignal hin die Gangart zu wechseln.

Fuß berühren Umarmen Fußspitze kreisen Gerte balancieren

1 Einfach Schritt reiten mit geschlossenen Augen. Spürst du, wie du ganz sanft von links nach rechts geschaukelt wirst?

2 Berühre deinen rechten Fuß mit der linken Hand, dann den linken Fuß mit der rechten Hand. Ganz tief runterbeugen!

3 Hmhm, umarme dein Pferd. Kommst du mit deinen Armen um den Pferdehals?

4 Lass deine Fußspitze kreisen. Erst links zehnmal im Uhrzeigersinn, danach andersherum im Kreis, Fuß wechseln. Kannst du auch beide Füße gleichzeitig bewegen oder einen rechts- und einen linksherum kreisen?

5 Balanciere die Gerte auf deinen Händen. Erst im Schritt, dann im Trab. Festhalten gilt nicht!

Du kannst manche der Sitzübungen auch auf einem Holzpferd machen, das schont dein Pferd. Und so auch üben, das Halfter oder die Trense anzulegen.

Leichttraben

Der Trab ist eine Bewegung im Zweitakt und du wirst anfangs ganz schön durchgerüttelt. Beim Leichttraben nutzt du die Auf- und Abbewegung und hebst den Po hoch und runter. Das gelingt am Anfang nicht gleichmäßig, aber wenn du es ein paarmal hintereinander dem Takt folgend geschafft hast, ist das ein supertolles Gefühl. Irgendwann gelingt es dir dann ganz leicht und wie von selbst. „Maxi, umsitzen", sagt Svenja, wenn ich auf dem Reitplatz auf dem falschen Fuß leichttrabe. Ich muss im Sattel aufstehen, wenn Hobbits äußeres Vorderbein vorgeht und mich hinsetzen, wenn es zurückgeht.

Maxis Tipp

Wenn du angespannt im Sattel sitzt, summe leise dein Lieblingslied und lächle, um Angst und Stress zu vertreiben. Es hilft auch, die Lippen zu kneten wie beim Nachdenken.

MAXIS REITSCHULE

Reiten in der Abteilung

Heute bin ich die Tetênreiterin.

„Abteilung, ganze Bahn im Arbeitstempo Terrab, Marsch!" Svenja kommt mir manchmal echt streng vor. Wenn wir in der Abteilung reiten, gelten viele Regeln. Heute darf ich mit Hobbit ganz vorn reiten.

1. und 2. Hufschlag

Hufschlag

In der Reitbahn wird die Spur ganz außen an der Bande als 1. Hufschlag bezeichnet. Es gibt auch noch 2. oder 3. Hufschlag, die liegen weiter innen mit jeweils einer Pferdebreite Abstand.

Abteilung

Das Reiten in der Abteilung und die Kommandos stammen aus der Zeit, als Soldaten auf Pferden ritten. Sie bildeten Gruppen und ritten gemeinsam auf großen Plätzen. Um ein Durcheinander zu verhindern, erfand man Figuren, die für alle angesagt wurden. Das Reiten von Hufschlagfiguren ist heute noch ein wichtiger Teil der Ausbildung des Reitpferdes. Am Anfang ist es nützlich, in der Abteilung zu reiten, weil dein Pferd dem Vorgänger folgt und du dich auf deinen Sitz konzentrieren kannst.

BAHNREGELN

→ „Tür frei, bitte", rufst du, wenn du in die Bahn mit Pferd hineinkommen willst. Bei Antwort: „Tür ist frei", kannst du reingehen.

→ „Linke Hand vor rechter Hand", lautet die Regel für Reiter in der gleichen Gangart.

→ Wer Schritt reitet, gibt den ersten Hufschlag frei für Reiter, die Trab oder Galopp reiten möchten.

→ Willst du überholen, dann musst du innen ausweichen und vorbeireiten.

→ „Ganze Bahn" hat Vorfahrt vor „Zirkel" oder anderen Hufschlagfiguren.

„Reiten lernt man nur durch reiten!", lautet ein Spruch, den du vielleicht schon mal gehört hast. Reiten ist eine einzigartige Sportart, bei der du dich gemeinsam mit einem anderen Lebewesen bewegst. Du musst dich nicht nur auf deinen eigenen Körper konzentrieren, sondern auch auf das Pferd eingehen. Du brauchst also Geduld und Ausdauer, bis du über die ersten Anfängerschwierigkeiten hinwegkommst. Aber deshalb macht Reiten ja auch so viel Spaß. Jede Reitstunde ist einfach unverwechselbar.

Quadrille

Eine Gruppe mit möglichst gerader Zahl reitet in allen drei Gangarten bekannte Hufschlagfiguren oder selbst ausgedachte Muster. Taktmäßig passende Musik gehört auch dazu. Das macht großen Spaß, auch den Pferden, die dabei richtig gut mitmachen. Kommt vielleicht auch daher, dass sich die Reiter darauf konzentrieren müssen, wohin sie reiten. Und in der Gruppe sind Pferde zufrieden.

Gar nicht so einfach, eine Quadrille mit acht Pferden.

Linke oder rechte Hand

Bezeichnet die Richtung, in der du auf dem Platz reitest. „Abteilung rechte Hand" heißt, dass deine rechte Hand zur Bahnmitte zeigt.

Maxis Tipp

In der Abteilung gilt eine Pferdelänge Abstand. Wenn das Tempo zu langsam für dein Pferd ist, reite tief in die Ecken. Wenn der Abstand zu groß wird, runde die Ecken deutlich zur Bahnmitte ab, um aufzuholen.

MAXIS BASTELEIEN

Dein Pferdeschmuck

Kette und Armband mit Pferdemotiven lassen die Herzen von Ponyfans höherschlagen. Du kannst solchen Schmuck sogar selbstgestalten! Pssst ... Wäre das nicht eine wunderschöne Geschenkidee für deine beste Freundin?

Für die Halskette brauchst du:

- Modelliermasse
- Pferdeanhänger (nur kurz ausgeliehen, z. B. von einer Freundin),
- Nadel & Lederband

Für den Abdruck kannst du einen kleinen Schlüsselanhänger, einen Kettenanhänger oder einen Ohrring benutzen.

1. Halskette

- Knete ein Stück Modelliermasse, bis es weich ist, und forme es zur Kugel. Nun drückst du den Pferdeanhänger mit der Vorderseite voran in die Masse. Dein Anhänger soll dabei eine dicke, flache Scheibe werden und gleichzeitig soll ein guter Abdruck entstehen. Probier es ruhig mehrfach, bis dir der Abdruck gefällt!

- Pikse nun noch mit der Nadel ein Loch zum Aufhängen hinein, dick genug für das Lederband.

- Möchtest du Perlen machen? Drehe aus kleinen Stücken Modelliermasse Kugeln und pikse Löcher hinein. Danach musst du sie wieder vorsichtig rund formen. Oder du machst platte oder eckige Perlen!

- Nach dem Trocknen (schau auf der Packung, wie das geht) fädelst du deine Anhänger auf das Band und sicherst sie mit Knoten.

> Beim Reiten solltest du keinen Schmuck tragen. Du könntest daran hängen bleiben und dich verletzen!

Für das Armband brauchst du:

- Schrumpffolie (aus dem Bastelladen)
- schwarzen Filzstift/Acrylmarker
- Lineal, Zirkel oder Kreisschablone
- Pferdebuch oder -zeitschrift
- Bleistift & Buntstifte
- Schere & Locher

Die Schrumpffolie wird im Backofen erwärmt. Dabei wird sie kleiner und dicker. Schau ruhig einmal dabei zu, es sieht sehr lustig aus!

Schöne Vorlagen für Pferdebilder findest du in einem Buch oder einer Pferdezeitschrift.

2. Armband

- Zeichne mit dem schwarzen Stift einen 4 cm großen Kreis auf die raue Seite der Schrumpffolie. Als Schablone dient ein Zirkel, Klebestift oder Eierbecher.
- Lege den Kreis auf ein Pferdebild in einem Buch oder einer Zeitschrift. Zeichne den Umriss mit Bleistift nach und male ihn schwarz aus. Male den Kreis bunt und schneide ihn aus.
- Mit dem Locher stanzt du ein Loch hinein. Mache so mehrere Anhänger.
- Nun wird geschrumpft! Schau auf der Packung, wie das geht, und bitte deine Eltern um Hilfe.
- Danach fädelst du deine Anhänger auf das Lederband und sicherst sie mit Knoten.

Kombiniere verschiedene Pferdebilder, so wird ein pferdestarkes Armband daraus.

Maxis Tipp

Modelliermasse gibt es im Bastelladen in allen Farben und sogar mit Glitzer! Daraus forme ich nicht nur Perlen, sondern auch Herzen und Hufeisen. Die hänge ich an Schlüsselringe, Reißverschlüsse, Gürtelschlaufen ...

MAXIS PFERDEWISSEN

Halftern und führen

Wo ist Hobbit? Einfangen ist gar nicht so leicht, wenn viele Pferde eng zusammenstehen. Und Hobbit will den Kopf gar nicht heben, weil das Gras viel zu lecker ist. Aber ich schaff das schon!

Mit Gerte und Helfer

Wenn es schwierig ist, das Pony zu führen, kann dir eine Gerte gute Dienste leisten. Du kannst sie in der linken Hand halten und das Pony an der Flanke treiben, wenn es nicht mitgehen will. Oder du bittest einen Helfer, mit Gerte und großem Abstand seitlich hinter dem Pferd mitzugehen. Die Gerte hilft auch, wenn dir das Pferd näher kommt als du möchtest. Du kannst sie als Abstandshalter nutzen. Stell dir die Gerte als eine Art Zeigestock vor, sie ist kein Strafwerkzeug.

Aufhaltern

Aufgehaltert wird von der linken Seite, weil die meisten Pferde es kennen und der Verschluss vom Halfter links ist. Das Pony muss den Kopf heben, damit du das Kopfstück anlegen kannst. Mähne und Schopf werden geordnet. Wenn alles sitzt, den Haken mit dem Verschluss vom Fell wegschließen. Führstrick in beide Hände nehmen.

Halfter anlegen

Einfangen

„Wichtig ist, dass du dich gut fühlst. Wenn du Angst hast oder unsicher bist, merkt dir Hobbit das schon von weitem an. Er wird ausweichen. Frage mich oder ein älteres Mädchen, wir helfen gern", sagt Svenja.

Richtig führen!

Führe dein Pferd so, dass du links neben dem Kopf gehst. Du kannst das Pferd im Blick behalten und seine Mimik sehen. Halte den Strick in der rechten Hand so lang, dass Pferdekopf und -hals gerade bleiben. In der linken Hand hältst du das Ende des Stricks.

Es ist wichtig, dass du beim Führen auf deiner eigenen Spur gehst, damit du dein Pony nicht ungewollt bremst.

Entspannt führen

Grasen lassen

ACHTUNG! Wickle nie den Strick um deine Hand, du kannst dich gefährlich verletzen!

ACH, DU SCHRECK!

Irgendetwas hat Hobbit Angst gemacht. Er zuckt zusammen, ist bereit für einen Sprung nach vorn ... und jetzt?

A Ich bleibe stehen und rede beruhigend mit ihm.

B Ich lasse den Strick los und laufe schimpfend hinterher.

Richtig ist: A

Maxis Tipp

Plane genug Zeit für das Einfangen ein. Es kann stressig werden, wenn du in Eile versuchst, dein Pferd einzufangen. Vielleicht darfst du auf der Weide üben, wenn du gerade keinen Reitunterricht hast.

MAXIS REITSCHULE

Bahnfiguren

Durch den Zirkel wechseln oder aus dem Zirkel wechseln? Mensch, wer soll sich das merken. Aber morgen soll ich die Abteilung anführen und es wäre echt peinlich, die Bahnfiguren nicht zu kennen.

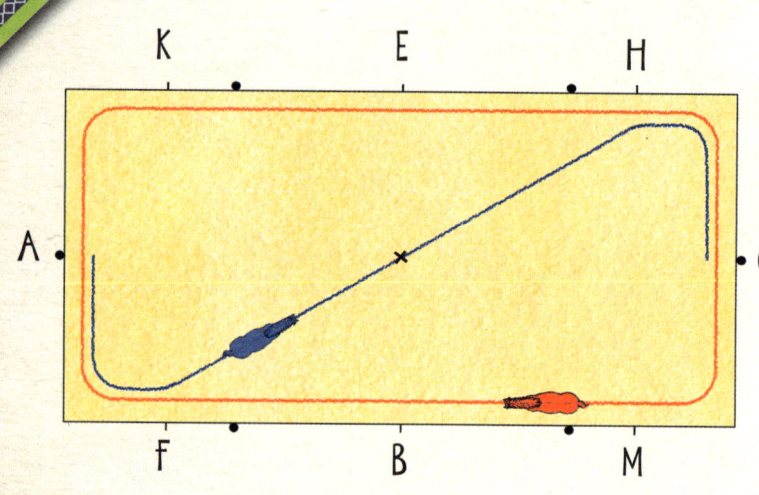 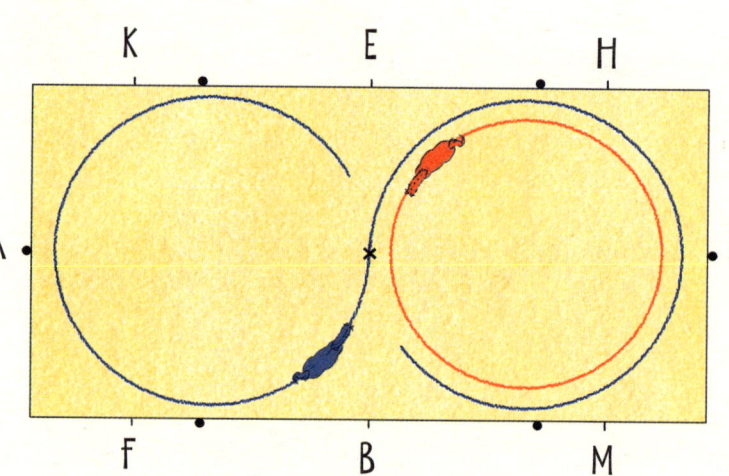

× : Bahnmitte
● : Zirkelpunkte

🟠 „Ganze Bahn":
eine Runde auf dem Reitplatz

🔵 „Durch die ganze Bahn wechseln":
Handwechsel über die Diagonale

🟠 „Auf dem Zirkel geritten":
einmal im Kreis herum

🔵 „Aus dem Zirkel wechseln":
von einem Zirkel auf den anderen wechseln

„Durch die ganze Bahn wechseln"

„Es kommt am Anfang schon mal vor, dass du mit den Bahnfiguren durcheinanderkommst, das ist nicht so schlimm", sagt Svenja.

➡ **Reitbahnmaße**
20 x 40 m oder 20 x 60 m

➡ **Zirkelpunkte**
Markieren die Punkte, die man beim Reiten eines Zirkels ansteuert.

➡ **Bahnpunkte**
M B F A K E H C und Bahnmittelpunkt X dienen zur Orientierung in der Bahn.

Bahnfiguren einmal anders

Probiere mal, die Bahnfiguren anders zu reiten als üblich.
„Durch die halbe Bahn wechseln": erst auf dem Hufschlag bis zur Mitte der langen Seite (bei B oder E) und dann auf die Diagonale.
„In die Ecke kehrt" statt „aus der Ecke kehrt": vor der Ecke in Richtung A oder C, dann durch die Ecke und auf dem Hufschlag weiter.

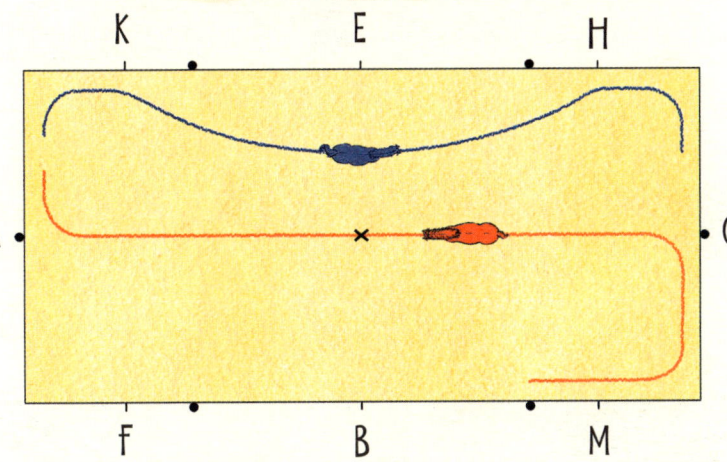

- „Durch die Länge der Bahn wechseln":
  auf der Mittellinie reiten, dann die Hand wechseln

- „Einfache Schlangenlinie":
  ein Bogen, der bis zur Viertellinie reicht

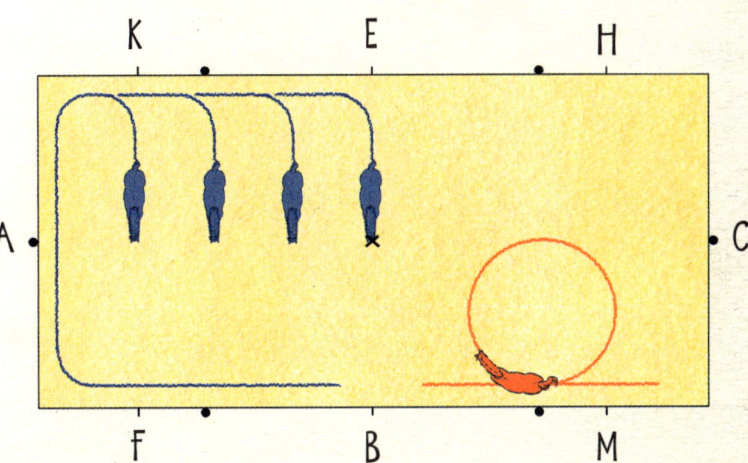

- „Volte, Marsch!":
  ein Kreis mit 10 m Durchmesser

- „Abteilung rechts um, Marsch":
  alle Reiter wenden gleichzeitig zur Bahnmitte ab

Aufmarschieren

Am Anfang und am Ende der Reitstunde stellt sich eine Abteilung ordentlich auf. Die Pferde sollten auf gleicher Höhe und mit genügend Abstand zueinander stehen, damit die Reiter auf- und absteigen können.

Aufgaben für die Reitstunde

 Regelmäßige Wechsel der Gangarten Schritt, Trab und Galopp = Übergänge

 Häufige Handwechsel
= die gleichmäßige Ausbildung auf beiden Seiten

 Veränderung des Tempos innerhalb der Gangarten
= Schrittlängen kleiner oder größer

 Zwischendurch kurze Entspannungsphasen am langen Zügel = Losgelassenheit sicherstellen

Wusstest du, dass ...

... Hütchen oder Pylonen nützlich sind, um sich besser in der Reitbahn zu orientieren. Es hilft auch den Pferden, weil du mit deinem Blick ein Ziel ansteuerst, so wird deine Hilfengebung eindeutig.

MAXIS REITSCHULE

Hilfengebung

"Hü, Hobbit, hü." Die Stimme allein funktioniert nicht. Svenja erklärt, dass man beim Reiten mit Gewicht, Schenkeln und Zügeln „Hilfen" gibt. „Am besten so, dass man kaum sieht, was du machst", sagt Svenja.

Ich gucke nach rechts und schon folgt der Rest des Körpers – Schultern, Hüfte, Schenkel.

Volte nach links

Zurück zum Hufschlag

Biegung nach links

Schenkelhilfe

Mit deinen Schenkeln treibst du das Pferd und gibst die Richtung vor. Meistens treibst du mit den Beinen ungefähr beim Sattelgurt. Beim Angaloppieren nimmst du den äußeren Unterschenkel etwas weiter nach hinten. Die Beine solltest du nur kurz ans Pferd drücken, danach gleich wieder lockerlassen. Wenn du dauernd drückst, kann dein Pferd nicht verstehen, was du willst, und geht nicht mehr gut vorwärts.

Die Hilfengebung ist das fein aufeinander abgestimmte Zusammenspiel von Gewicht-, Schenkel- und Zügelhilfen.

Gewichtshilfe

Ist die wichtigste Hilfe des Reiters. Das Pferd muss mit dem Reiter auf dem Rücken im Gleichgewicht bleiben, deshalb reagiert es sensibel auf jegliche Gewichtsverlagerung. Du kannst dich nach vorn beugen, nach hinten neigen und seitlich drehen, all das registriert das Pferd als Signal.

Du lenkst das Pferd vor allem mit deiner Gewichtsverlagerung, es reagiert auf die Veränderung deines Sitzes.

"Spürst du die Verbindung zum Pferdemaul?"

Zügelhilfe

Auch wenn es schwerfällt: Du solltest niemals an den Zügeln ziehen! Das Lenken geschieht mit Gewicht und Schenkeln. Die Zügel sind dazu da, weichen Kontakt mit dem Gebiss im Pferdemaul zu halten. Die Zügel werden durch ein Nachfassen verkürzt, das heißt, du öffnest die Faust und nimmst die Zügel neu etwas weiter vorne wieder auf. Damit du die Zügel beim Nachgreifen nicht verlierst, hältst du sie in dem Moment mit der anderen Hand.

Ganze & halbe Parade

In der Reitersprache nennt man die Hilfe für das Langsamerwerden und den Wechsel in eine langsamere Gangart halbe Parade. Das Anhalten heißt ganze Parade. Eine Parade geht so: Zieh den Bauch etwas ein und atme aus. Dadurch kippt deine Hüfte leicht nach hinten und deine Poknochen drücken in den Sattel. Das versteht dein Pferd als Signal zum Langsamerwerden. Mit deinen Unterschenkeln treibst du dein Pferd zum Losgehen oder Schnellerwerden an.

Halten und Loben

Durchparieren zum Schritt

GERTE

Die Gerte ist dazu da, deine Schenkelhilfen zu verstärken. Berühre das Pferd mit der Gerte an der Flanke, um es zu treiben. Sofort aufhören, sobald es schneller wird.

Maxis Tipp

Signalwörter wie „Trab" oder „Hooh" oder Schnalzen nennt man Stimmhilfen. Sie sind in Dressurprüfungen nicht erlaubt, aber sonst sehr hilfreich, um dich mit dem Pferd zu verständigen.

Abflug

Eine total verkorkste Reitstunde

Nun gehe ich schon seit ein paar Monaten zur Reitstunde. Wann immer es geht, radele ich am Nachmittag in den Stall und helfe. Inzwischen bin ich ein echter Profi im Ausmisten! Als Belohnung lässt Svenja mich so ein- oder zweimal die Woche bei einer anderen Reitstunde mitmachen. Natürlich kann ich da nicht immer Hobbit reiten. Aber auch Tapir, Flummy, Rabanus und die anderen Reitschulponys sind echt lieb. Hobbit ist trotzdem mein Liebling! Er schaut mir immer schon neugierig entgegen, wenn ich zum Stall komme. Ich bringe ihm oft eine Karotte mit, rede mit ihm und kraule ihn.

Nur heute war alles anders. Zuhause herrschte Chaos. Mama hat mich verdonnert, mein Zimmer aufzuräumen und mit Leo ein Haus zu bauen. Ich kam viel zu spät zum Stall, die anderen gingen schon in die Halle. Also musste ich Hobbit superschnell fertig machen: Hufe auskratzen, Sattellage bürsten, Sattel und Trense holen.

Aber Hobbit hatte überhaupt keine Lust auf so eine Hetzerei. Er hat den Kopf so hoch gehoben, dass ich das Auftrensen vergessen konnte.

„Mann, Hobbit!", hab ich geschimpft und zuerst den Sattel aufgelegt. Ich wollte ihm nicht wehtun, ehrlich! Aber ich glaube, ich habe mich so beeilt, dass ich ihm den Sattel ziemlich unsanft ins Kreuz geknallt habe. Da hat er geschnauft und mit den Augen gerollt!

Irgendwie hab ich dann doch seine Nase erwischt und konnte ihn auftrensen, auch wenn er erst gar nicht das Maul öffnen wollte. Ich musste schon wieder schimpfen und wir kriegten beide schlechte Laune.

In der Reithalle haben wir uns dann zusammengerissen. Wir haben uns in die Abteilung eingereiht und uns richtig angestrengt.

„Abteilung Te-rab!", hat Svenja gerufen, als ich die Reiter anführte. „Und leichttraben!"

Ich bekam einen Schreck. Hobbit läuft gar nicht gern vorn, er lässt sich lieber von den anderen mitziehen. Nachdem ich heute schon zu spät gekommen war, wollte ich mich nicht noch mal blamieren! Also trieb ich Hobbit an wie verrückt. Aber er trabte etwa so schnell wie eine lahme Elefantenoma.

„Schlaft nicht ein, Maxi und Hobbit!", hat Svenja gerufen. Tonia hat gekichert und ich wurde knallrot. Also weiter treiben, treiben. Hobbit wurde etwas schneller, aber leider konnte ich unmöglich gleichzeitig leichttraben und treiben. Ich saß aus und Svenja runzelte die Stirn.

„Leichttraben, und zwar alle!", rief sie streng. Ich versuchte es und natürlich wurde Hobbit wieder langsamer.

Dann sollten wir galoppieren. Damit das nicht wieder so ein Schneckentempo wird, habe ich Hobbit gleich richtig kräftige Hilfen gegeben.

Und da ist er losgerast wie eine Rakete! Ich war völlig überrumpelt und saß überhaupt nicht gut. Plötzlich bremste Hobbit und ich flog in hohem Bogen in den Sand. Da saß ich dann ziemlich geschockt. Ich hatte mir gar nicht wehgetan. Aber peinlich war mir die Sache! Und plötzlich war mir auch klar, wie das alles gekommen war: Ich hatte Hobbit ja total durcheinandergebracht mit meinem Turbo-Putzen, dem Schimpfen und Hetzen und Schenkel-in-die-Seite-rammen. Vielleicht hatte ich ihm sogar wehgetan!

Svenja fing Hobbit ein und kam zu mir.

„He, ist doch nicht so schlimm, wir machen alle Fehler", hat sie zu mir gesagt.

Und mein lieber süßer Hobbit? Er hat seinen Kopf zu mir gesenkt und geschnaubt, als wollte er sagen: „Alles klar bei dir? Wollen wir weiterreiten?"

„Alles klar, Süßer", hab ich geflüstert. Ich habe ihn umarmt und gestreichelt und geklopft. Und dann bin ich wieder aufgestiegen.

MAXIS PFERDEWISSEN

So ein Weideleben!

Pferde sind Weidetiere, Steppentiere, Fluchttiere und Herdentiere. Sie fühlen sich nur in der Gruppe mit anderen Pferden wohl und sicher. Pferde leben am natürlichsten in einer Herde auf großen Weiden.

Hobbit auf der Weide

„Schau dir an, was die Pferde auf der Weide machen?", meinte Svenja zu mir. Erst dachte ich, das wäre langweilig. Aber dann konnte ich beobachten, welche Pferde nebeneinander grasen oder wie oft sie äppeln, trinken oder sich wälzen. Probiere es auch mal aus. Versuche herauszufinden, wer der Chef der Herde ist und welche Pferde befreundet sind. Woran du das erkennen kannst? Dem Alphatier der Herde weichen die anderen freiwillig aus, wenn es zum Beispiel zur Wasserstelle geht. Befreundete Pferde suchen Körperkontakt, sie kraulen sich gegenseitig und stellen sich Kopf an Schweif auf, um Insekten zu vertreiben.

Was tut Hobbit den ganzen Tag so ohne mich?

Schritt gehen

Wildpferde bewegen sich meistens im Schritt. Es ist ihre natürlichste Gangart, in der sie wenig Energie verbrauchen. Wenn ein Pferd weidet, geht es mit gesenktem Kopf von einem Grasbüschel zum nächsten. Im Trab und Galopp hält es Kopf und Hals höher, damit es seine Umgebung im Blick behalten kann.

Grasen

Wildlebende Pferde sind fast 20 Stunden des Tages mit Grasen beschäftigt. Sie sind keine Wiederkäuer wie Rinder. Pferde fressen in einer Stunde etwa ein Kilogramm Heu, so viel schaffen sie auch beim Grasen. Sie beißen Gräser und Kräuter mit den Schneidezähnen ab und zermalmen sie mit den Backenzähnen. Das Geräusch, das dabei entsteht, klingt beruhigend, hör mal hin!

Dösen und Schlafen

Pferde schlafen nur etwa drei Stunden täglich, meist tief in der Nacht und in kurzen Phasen von 30 Minuten. Pferde dösen und schlafen meistens im Stehen. Sie schließen leicht die Augen und schonen ein Hinterbein. Sie legen sich zum Schlafen nur hin, wenn sie sich sicher fühlen.

So kratzt sich ein Pferd

Pferde kratzen sich häufig, zum Beispiel weil sie Insekten nerven oder sie im Fellwechsel sind. Entweder reiben sie sich selbst wie hier der Konik mit der Nase am Bein. Oder sie kratzen sich an einem Baumstamm oder sie wälzen sich am Boden. Hauptsache, das Jucken hört auf.

Spielen und Kraulen

Auch Pferde schließen Freundschaften. Mit manchen Artgenossen verstehen sie sich super, manche mögen sich nicht so gern, respektieren sich aber, das ist wie bei uns. Gegenseitige Fellpflege oder sich gegenseitig die Fliegen zu vertreiben, sind Zeichen für echte Freundschaft.

Pferde trinken sehr vorsichtig, sie tauchen ihre Lippen ins Wasser und saugen es ein. Hör mal zu, wenn ein Pferd trinkt. Oder probiere es selbst aus. Es ist so ähnlich wie beim Trinken mit Strohhalm.

Ich kann trinken wie ein Pferd!

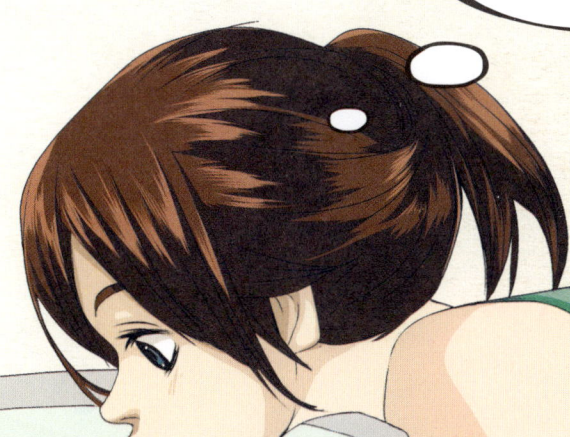

MAXIS BASTELEIEN

Die allerbesten Pferdeleckerli

Ich habe Svenja gefragt, ob ich Hobbit mit selbstgemachten Leckerlis füttern dürfe (ich darf!). Es geht ganz einfach, sie zu backen, und es sind lauter gesunde Sachen drin. Hobbit liebt meine Leckerli! Um sie aufzubewahren, habe ich mit dem Geschenkpapier vom letzten Geburtstag eine schöne Dose gebastelt.

> Achtung, die Leckerli darfst du erst drei Tage nach dem Backen verfüttern! Vorher sind sie noch zu frisch.

Für die Leckerli brauchst du:

- 3 große Äpfel
- 10 Fenchel-Teebeutel
- 4 Tassen grobe Haferflocken
- 4 Tassen Cornflakes
- 2 Tassen Vollkornmehl
- 1 Tasse Öl
- Rührschüssel
- Reibe & Schere
- Teigschaber
- Backpapier & Backblech

1. Leckerlirezept

- Bitte deine Eltern, die Äpfel grob zu raspeln (mit Schale, aber ohne Kerngehäuse).
- Schneide die Teebeutel auf und gib den Inhalt mit den übrigen Zutaten in eine Schüssel. Verknete alles mit den Händen.
- Lege das Backpapier auf das Blech und streiche den Teig mit dem Teigschaber darauf.
- Nun backst du deine Leckerli bei 150 Grad Umluft 60-70 Minuten, sie sollten goldbraun und knusprig sein. Brich sie noch warm in Stücke (so groß wie ein Stück Apfel).

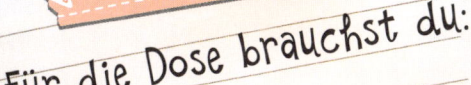

Für die Dose brauchst du:

- leere Dose mit Deckel
- altes Geschenkpapier
- weißen Bastelkleber
- Esslöffel & Schälchen
- Pinsel & Schere

2. Die Dose

- Reiße das Geschenkpapier in Fetzen.
- Gib einen Esslöffel Kleber und genauso viel Wasser in das Schälchen und verrühre beides mit dem Pinsel.
- Nun pinselst du einen Teil der Dose mit dem Kleber ein und klebst Papierstücke darauf. Bestreiche sie auch von oben mit Kleber, bis sie ganz glatt anliegen.
- Beklebe so die ganze Dose. Keine Sorge, der weiße Kleber-Schimmer verschwindet beim Trocknen!
- Danach schneidest du ab, was oben und unten übersteht. Vergiss nicht, Pinsel und Schälchen gut auszuwaschen!

Natürlich kannst du auch den Deckel der Dose gestalten. Das geht am besten mit Lackstift oder Acrylmarker. Du kannst aufschreiben, was drin ist, hübsche Muster malen oder dir selbst etwas ausdenken.

Am besten nimmst du eine Metalldose mit Plastikdeckel. Solche gibt es für Waffeln, Kaffeepulver und Kakao. Schau dich im Supermarkt um!

Maxis Tipp

So geht eine süße Überraschung: Zerdrücke eine Banane, mische sie mit Haferflocken und fülle sie in einen Apfel, dessen Kerne du entfernt hast. Gib das deinem Pferd aber nur selten, Bananen enthalten viel Zucker.

MAXIS REITSCHULE

Ausmisten

„Du stinkst!" Meine Brüder rümpfen immer die Nase, wenn ich vom Reiten nach Hause komme. Ich aber liebe den Stallgeruch. Ich hätte nicht gedacht, dass mir Ausmisten so viel Spaß machen könnte.

Schaufel, Forke und Besen

Ordnung muss sein!

Svenja achtet penibel darauf, dass Putzzeug, Sattel und Zaumzeug weggeräumt werden. Die Sättel kommen in die Sattelkammer. Sie liegen auf Haltern, die an der Wand befestigt sind. Zaumzeug und Halfter hängen an Haken, die die Namen der Pferde tragen.

„... Aufgesessen, lang die Zügel, sattelfest, den Fuß im Bügel ..."

FEGEDIENST

„Befeuchte den Boden mit einer Gießkanne, bevor du fegst, dann staubt es nicht so", sagt Svenja. Feiner Staub braucht viele Stunden, bis er am Boden liegt. Staub ist nicht gesund, weder für Menschen- noch für Pferdelungen.

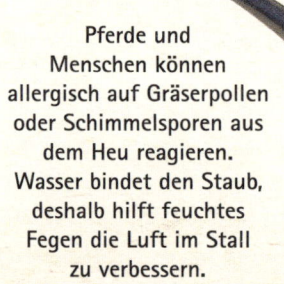

Pferde und Menschen können allergisch auf Gräserpollen oder Schimmelsporen aus dem Heu reagieren. Wasser bindet den Staub, deshalb hilft feuchtes Fegen die Luft im Stall zu verbessern.

Die Flächen, die mit der Kleidung in Berührung kommen, werden mit dem Schwamm gesäubert, aber nicht gefettet.

PUTZALARM!

Sattel- und Zaumzeug sind meist aus Leder und müssen regelmäßig gepflegt werden, damit sie lange halten. Alle drei Monate solltest du eine große Putzaktion einplanen. Am besten mit allen Stallmädchen gemeinsam.

1. Gebissstück mit Wasser reinigen – nach jeder Reitstunde! Zaumzeug auseinanderschnallen, Steigbügel vom Sattel entfernen

2. Lederteile mit Sattelseife und Schwamm reinigen, danach trocken abreiben

3. Mit Lederfett behandeln: alles, außer Sitzfläche, Sattelblätter und Steigbügelriemen

Offenstall

Das ist ein Offenstall mit Paddock. Die Ponys haben einen Auslaufbereich, der mit einem sicheren Zaun umgeben ist. Die Pferde können sich unterstellen, wenn die Sonne brennt, es regnet oder schneit. Ein Paddock ist ein grasloser Auslauf für Pferde. Der Boden ist gepflastert oder mit Kunststoffgittern befestigt, damit er nicht zu tief und zu schlammig wird.

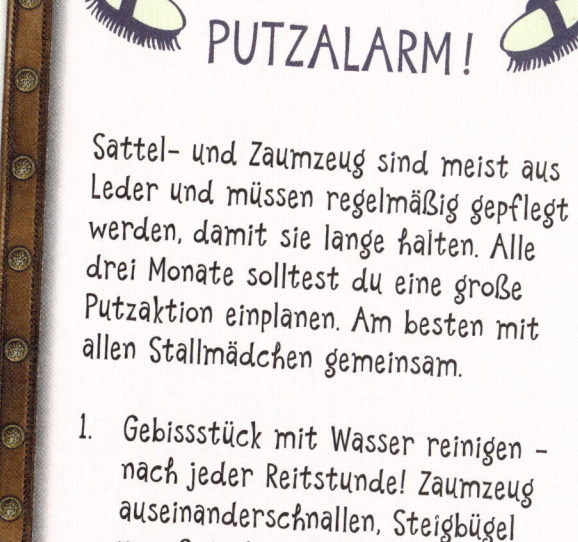

Pferd auf dem Paddock

Hallo, Sonnenschein! Komm heraus, ich mache deine Box sauber!

Pferdeboxen

Pferdeboxen werden mit Stroh oder Sägespänen eingetreut, damit sich die Pferde hinlegen können. In der Einstreu wird auch der Urin aufgesaugt. Pferdeäpfel und feuchte Einstreu sollten täglich entfernt werden.

MAXIS REITSCHULE

Unterwegs im Straßenverkehr

Endlich ausreiten! Auf der Straße sind Reiter genauso Verkehrsteilnehmer wie Autos oder Fahrräder. Ein Glück, dass wir fast nur auf Reitwegen unterwegs sind, auf denen keine Autos fahren.

Immer eine Pferdelänge Abstand hintereinander

Reiten erlaubt

Das blaue Verkehrsschild bedeutet, hier ist Reiten erlaubt. Aber auch wenn es einen Reitweg gibt, musst du einschätzen, wie die Bodenverhältnisse sind. Trab oder Galopp darfst du nur reiten, wenn der Weg weder zu matschig noch zu hart, zu glatt oder zu staubig ist.

Im Dunkeln

Pferde können in der Dämmerung besser sehen als wir. Ein Abendritt ist etwas Besonderes. Reflektierende Ausrüstung und Lampen für Pferd und Reiter sind Pflicht.

Immer leicht!

Im Gelände reitet man rückenschonend, die Steigbügel werden zwei bis drei Loch kürzer geschnallt. Traben heißt Leichttraben, dabei regelmäßig umsitzen. Im Galopp wird im leichten Sitz geritten. Das Tempo wird angepasst: an die Pferde, Mitreiter, Fußgänger sowie an die Beschaffenheit der Wege. Auch ein Schritt- und Trabausritt ist ein Erlebnis!

Mit Leuchtwesten im Dunkeln

Handzeichen: Stopp

Du bleibst stehen und die anderen reiten ein kleines Stück vor, dann gehst du im ruhigen Schritt hinterher.

Immer eine Pferdebreite Abstand nebeneinander

Immer in der Gruppe!

Die Abteilung wird von Reitern und Pferden angeführt und hinten gesichert, die in Stresssituationen möglichst ruhig bleiben. Wo die Wege breit genug sind, könnt ihr zu zweit nebeneinanderreiten. Straßen überquert man als Gruppe gleichzeitig und zügig.

Reiten verboten

Das Schild mit dem Reiter mit rotem Rand bedeutet, hier ist Reiten verboten. Du darfst auch nicht auf ausgewiesenen Fußwegen reiten (blaues Schild mit Spaziergängern). In Natur- und Waldschutzgebieten sind nur die beschilderten Reitwege frei für Reiter.

Beim Fahrradfahren benutzt du teilweise ähnliche Hilfen wie beim Reiten: Du schaust dorthin, wo du hin möchtest, und beim Abbiegen drehst du deinen Oberkörper ebenfalls in diese Richtung.

VERKEHRSSCHILDER

Diese Verkehrsschilder musst du kennen.

Reitweg — Reiten verboten

Ein Traum wird wahr

Mit Sonne, Mücken, Muskelkater

Auf diesen Tag habe ich mich fast so sehr gefreut wie auf meine allererste Reitstunde: Heute durften wir das erste Mal ausreiten – in den Feldern hinter dem Winkelhof, fast wie in meinem Traum! Svenja hatte schon vor Wochen gesagt, dass wir bald ins Gelände gehen würden. Bei der nächsten Reitstunde war Traumwetter, die Sonne schien, keine Wolke am Himmel und ich wollte mir so gern auf dem Pferderücken den Wind um die Nase wehen lassen! Aber Svenja hat uns einen Dämpfer verpasst. „Sorry, Mädels, heute wird das nichts", hat sie gesagt. Alle murrten und stöhnten.

„Warum denn, bei dem Sonnenschein?", hab ich gefragt.
„Der Wind ist zu stark", meinte Svenja. „Das macht die Pferde nervös. Bei eurem ersten Ausritt können wir das nicht gebrauchen." „Erwachsene sind ja immer solche Besserwisser," hat Lissy mir zugeflüstert und ich musste kichern. Lissy ist echt lustig!

Von da an habe ich den Wetterbericht genau verfolgt. Bei der nächsten Reitstunde war es windstill und sonnig. Alles klar fürs Gelände! Zuerst haben wir die Sattelgurte nachgezogen und die Steigbügel etwas kürzer eingestellt. Svenja hat uns immer zu zweit nebeneinander aufgestellt. Ich kam mit Lissy ganz nach hinten, nur Svenja wollte noch hinter uns reiten. „Elena kommt heute mit und reitet vorweg", hat Svenja erklärt. „Ihr anderen bleibt immer in der Reihe. Wer Elena überholt, muss zur Strafe für alle einen Kuchen backen." Wir haben gelacht. Dann ging es endlich los, gemütlich im Schritt vom Hof, eine Straße entlang und in einen Feldweg. Eine Weile sagte keiner ein Wort. Ich glaube, alle genossen das Gefühl, nicht mehr von den Wänden der Reithalle eingezwängt zu sein.
Schon bald trabten wir ein Stück, das klappte ganz gut. Und dann gab Svenja das Kommando zum Galopp. Ich wurde ein bisschen nervös, dass Hobbit einfach wegrasen würde, dass ich

wieder stürzte, dass Svenja mit mir schimpfte. Aber ich hatte kaum Zeit zu grübeln. Lissy und Tapir galoppierten neben mir an, ich gab die Hilfe und Hobbit fiel ebenfalls in den Galopp. Als hätte er meine Sorge gespürt, galoppierte er langsam und blieb ganz brav neben seinem Freund Tapir. Wow! Das war es also, das echte Pferde-Wildnis-Leben! Genauso hatte ich es mir immer erträumt. Wir Reiter waren genauso aus der Puste wie die Ponys, als wir sie endlich zum Schritt durchparierten.

Elena lenkte uns zu einem Rastplatz im Wald. Dort saßen wir ab und banden die Ponys an. „Picknick!", rief Svenja und verteilte Müsliriegel und Wasserflaschen für alle. Die Pferde tranken Wasser aus einem kleinen Bach. Es war so schön, aber ich war völlig erledigt. Ich ließ mich ins Gras plumpsen und Lissy setzte sich neben mich. Vom Bach her kamen Mücken angeflogen und surrten uns und den Ponys um die Köpfe.
„Ausreiten ist so toll!", sagte Lissy. – „Himmlisch!", sagte ich. „Ich möchte nie wieder etwas anderes tun!", sagte sie. „Ich auch nicht!", sagte ich. „Nur noch reiten, reiten, reiten bis zum Horizont."
„Bis ans Ende der Welt!", meinte sie. Wir schwiegen eine Weile und ich rieb mir die Oberschenkel. Die taten echt weh. Mit einem Klatschen fing Lissy eine Mücke.
„Aber für die Ponys wird es echt anstrengend", sagte ich gedehnt.
„Ja, hast recht", meinte Lissy ernst.
„Das können wir ihnen nicht antun."
Wir sahen uns an – und prusteten los. „Mir tut echt alles weh!", japste Lissy.
„Mir doch auch", sagte ich kichernd. „Und dann diese Mücken! Der Horizont kann mir echt gestohlen bleiben."
Wir kicherten noch eine ganze Weile.
Jetzt habe ich im Reitverein schon zwei Freunde: Hobbit und Lissy!

MAXIS PFERDEWISSEN

Ein Festmahl für Pferde

Gras, Kräuter, Heu, Stroh, Mineralfutter, Müsli, Äpfel, Möhren – was brauchen Pferde eigentlich zum Leben? Svenja hat mir erklärt, dass die Zusammensetzung und Menge des Futters davon abhängt, wie viel Leistung ein Pferd oder Pony erbringt.

Pferdefutter

Pferde sind Vegetarier. Sie ernähren sich hauptsächlich von Raufutter, also von Gräsern. Frische Gräser und Kräuter fressen sie direkt von der Weide oder in getrockneter Form als Heu. Zum Raufutter gehört auch Stroh, das aber vor allem als Eintreu im Stall benutzt wird. Kraftfutter sind Hafer, Müsli oder Mineralfutter. Möhren, Äpfel oder Rote Bete sind Saftfutter. Frage in deinem Stall, welche Futterarten die Pferde und Ponys bekommen.

Heu zur freien Verfügung. Hinter dem Zaun bleibt es sauber, weil kein Pony hineintritt oder daraufäppelt.

Von dem frischen Frühlingsgras dürfen Ponys zuerst nur wenig fressen. Die Verdauung muss sich langsam von Heu auf Gras umstellen.

Wasser

Pferde trinken täglich zwischen 30 und 50 Liter Wasser, viel mehr als wir. Sie benötigen es, um genügend Speichel bilden zu können. Je trockener das Futter ist, desto mehr Spucke brauchen sie, um es herunterschlucken zu können. Pferde schwitzen bei hohen Temperaturen am ganze Körper, auch dafür braucht der Körper Wasser. Weidepferde nehmen Wasser auch über die Gräser auf.

Leckstein

Pferde brauchen Mineralien. Sie nehmen sie über das Futter auf, aber es ist auch wichtig, einen Leckstein aufzuhängen, an dem sie sich bedienen können, wenn sie Salz brauchen. Auch Pferde auf der Weide brauchen das.

Leckstein

WAS GEHÖRT WOZU?
Verbinde mit Linien

Lösung: 🌼 Heu & Raufutter 🌼 Gras & Raufutter 🌼 Möhren & Saftfutter 🌼 Hafer 🌼 Mineralfutter 🌼 Äpfel + Saftfutter 🌼 Stroh + Raufutter 🌼 Kräuter + Raufutter 🌼 Müsli

Leckerli

Es gibt so viele Leckerliarten: Äpfel, Möhren, selbstgebackene Kekse (siehe Seite 52), aus der Tüte. Warum? Mit Futter kannst du Pferde belohnen, wenn sie etwas richtig gemacht haben. Du kannst Pferde für dich gewinnen, wenn du sie bei der Begrüßung fütterst oder ihnen nach der Reitstunde Danke sagt. Es gibt aber auch Trainer und Reitschulen, die es verbieten, Pferde zu füttern, weil sie befürchten, dass die Pferde aufdringlich und bissig werden könnten. Frage nach!

Kolik

Wenn Pferde Bauchschmerzen haben, nennt man das Kolik. Das kann von einem leichten Unwohlsein bis hin zu einer lebensgefährlichen Darmverschlingung reichen. Pferde zeigen Schmerzen mit ihrer Körpersprache an: Sie gucken zum Bauch, haben einen verkniffenen Gesichtsausdruck, legen sich hin und wälzen sich, manchmal stöhnen sie. Ihr Verhalten ist ganz anders, als du es kennst. Bei diesen Anzeichen musst du sofort den Stallbesitzer oder den Reitlehrer verständigen, damit sie den Tierarzt rufen.

MAXIS REITSCHULE

Springreiten

„Ich möchte euch so vielseitig wie möglich ausbilden", sagt Svenja. „Früher gehörte ein Sprung zu jeder Dressurprüfung." Ich kann es kaum erwarten, endlich zu springen! Ich hoffe, Hobbit sieht das auch so.

Stangen

Über eine Stange im Schritt, so geht es los. Ich weiß noch, als Svenja das erste Mal drei Stangen in die Reitbahn gelegt hat. „Geradeaus drüber!", das war die erste Aufgabe. Im Trab sollten wir dann leichttraben und über den Stangen den Pferderücken entlasten. Im Galopp machen Stangen richtig Spaß. Leichter Sitz ist angesagt.

1. So gehts über mehrere Stangen auf der Zirkellinie im Trab.

2. Den Galopp beim Springen reitet man im leichten Sitz.

STANGEN-ABSTÄNDE

Gangart:	Ponys	Pferde
Schritt:	ca. 0,60 m	ca. 0,80 m
Trab:	ca. 1,00 m	ca. 1,30 m
Galopp:	ca. 2,80 m	ca. 3,50 m

Rauf und runter

„Heute reiten wir auf dem Springplatz." Mir klopft das Herz. „Im Schritt über den Wall. Maxi, du fängst an!" Hobbit spitzt die Ohren und will gleich antraben. Also erst mal Bauchnabel einziehen und ausatmen. „Langsaaam, lieber Hobbit." Dann traben wir drüber und später geht es im Galopp die Stufe hinauf. So cool! „Jetzt seid ihr bereit, auch über ein Cavaletti zu springen", sagt Svenja.

Beim Hoch- und Herunterreiten lernst du dich auszubalancieren, das ist eine sehr gute Vorübung für das Springen.

Cavaletti

Das sind praktische kleine Hindernisse aus einer Stange mit zwei Kreuzen. Je nachdem, wie man sie aufstellt, liegen die Stangen flach am Boden oder sie sind bis zu 30 cm hoch. Um es dem Pferd leichter zu machen, hebst du den Po über dem Hindernis aus dem Sattel und führst die Hände rechts und links neben dem Hals nach vorn. Zwei bis vier Cavaletti können zu einer Reihe kombiniert werden. Sie werden auf gerader Linie oder auf einer Zirkellinie aufgestellt. Die Abstände für die drei Gangarten findest du unten links in der Tabelle.

Beim Springen sollten die Pferdebeine mit Gamaschen geschützt werden, falls doch mal eine Stange berührt wird.

Im Parcours

Ein Springparcours besteht aus verschiedenen Hindernissen, die in einer bestimmten Reihenfolge bewältigt werden müssen. Es gibt Einzelsprünge und Kombinationen aus Hindernissen.

Steilsprung, Weitsprung, Kombination

Einfache Hindernisse werden als Steilsprung bezeichnet. Das Pferd springt hoch und kurz. Weitsprünge sind breiter, zwei Ständer mit Stangen stehen dicht hintereinander, das Pferd springt hoch und weit darüber.
Wenn zwei oder drei Hindernisse in Folge stehen, die mit ein oder zwei Galoppsprüngen dazwischen zu bewältigen sind, nennt man das Kombination.

Steilsprünge mit überkreuzten Stangen als Kombination

Pferdestarke TESTS

Wie gut verstehst du dein Pferd?

Wäre es nicht super, Hobbit könnte mir einfach sagen, was er will? „Lass mich in Ruhe!", oder: „Mmh, ja, dort kraulen ist besonders gut!" Aber natürlich geht das nicht. Zum Glück zeigt Hobbit mir, was er denkt und fühlt: mit seiner Körpersprache. Er bewegt zum Beispiel aufmerksam die Ohren, schnuppert neugierig an mir oder dreht sich weg. Kannst du schon Pferdisch sprechen?

1. Ein Pferd schaut dich an und dreht die Ohren nach vorne. Was bedeutet das?
a Dass der Wind nicht ins Ohr wehen soll.
b Dass es dich interessant findet.
c Dass es ängstlich ist.

2. Dein Pferd legt die Ohren an, zieht die Mundwinkel nach unten und macht die Nüstern schmal. Was tust du?
a Ich halte Abstand, denn es droht mir.
b Ich rufe Hilfe, denn es ist krank.
c Ich gehe näher ran, weil es sich freut.

3. Wie sprichst du mit Pferden?
a Gar nicht
b Ich rufe laut.
c Mit ruhiger, tiefer Stimme

4. Dein Pony schlägt beim Reiten heftig mit dem Schweif. Was bedeutet das?
a Es wedelt einen Pups weg.
b Es ist unzufrieden.
c Es begrüßt einen Freund.

Punkteverteilung:
1.a = 3 1.b = 3 1.c = 0 2.a = 3 2.b = 0 2.c = 0
3.a = 0 3.b = 0 3.c = 3 4.a = 0 4.b = 3 4.c = 0
5.a = 3 5.b = 0 5.c = 0 6.a = 0 6.b = 0 6.c = 3
7.a = 3 7.b = 0 7.c = 0 8.a = 0 8.b = 3 8.c = 0
9.a = 3 9.b = 0 9.c = 0 10.a = 0 10.b = 0 10.c = 3

5. Zwei Pferde beknabbern auf der Weide gegenseitig ihr Fell. Warum?

a Sie mögen sich und pflegen ihre Beziehung.

b Fell schmeckt lecker.

c Sie mögen sich nicht und wollen sich wehtun.

6. Was erinnert Pferde an ihre Mama?

a Auf die Kruppe klopfen

b Zur Seite schieben

c Den Arm über den Hals legen und die andere Halsseite streicheln.

7. Wie leben Pferde in der Herde zusammen?

a Die Rangordnung ergibt sich aus der Stärke und Erfahrung der Pferde.

b Alle Tiere sind gleichberechtigt.

c Außer dem Leithengst sind alle gleichberechtigt.

8. Ein Pferd schubst dich weg. Was will es dir sagen?

a „Lass uns losgehen!"

b „Geh mir aus dem Weg!"

c „Ich mag dich!"

9. Welches Pferd ist entspannt?

a   b   c

10. Du kommst ängstlich, traurig oder aufgeregt zur Reitstunde. Und nun?

a Davon kriegt mein Pferd nichts mit.

b Wenn ich mich zusammenreiße, wird mein Pferd schon nichts merken.

c Mein Pferd spürt meine Stimmung und reagiert darauf. Ich beruhige mich lieber vorher!

Wie viele Punkte hast du mit deinen Antworten gesammelt?
Lies hier nach, was das Ergebnis bedeutet.

0–10 PUNKTE: PFERDISCH VERSTEHEN, IST ÜBUNGSSACHE!

☆

Du hast vielleicht gerade erst angefangen, Pferdisch zu lernen, und beherrschst die Sprache noch nicht so gut. Kein Problem! Nimm dir immer vor und nach den Reitstunden noch Zeit. Bleibe im Stall und beobachte die Pferde. Besonders interessant ist es, wie sie miteinander sprechen, etwa von Box zu Box. Oder du setzt dich eine Weile an den Koppelrand. Versuche herauszufinden, was Laute, Körperhaltung und Verhalten der Pferde bedeuten.

11–20 PUNKTE: DU VERSTEHST DEIN PFERD SCHON GANZ GUT!

☆

Du hast schon ein gutes Gespür für die Pferdesprache und weißt ein paar wichtige Dinge darüber. Aber du kannst auch noch einiges lernen, um dich mit Ponys und Pferden besser zu verstehen. Trau dich ruhig, deine Reitlehrerin oder andere erfahrene Reiter um Rat zu fragen. Sie können dir viele tolle Tipps geben! Zum Beispiel diesen hier: Kraule deinen Liebling am Widerrist. So ähnlich beknabbern sich Pferdefreunde untereinander. Das mag fast jedes Pferd gern!

21–30 PUNKTE: DU BEHERRSCHST PFERDISCH PERFEKT!

☆

Klasse, du bist ja fast ein Pferdeflüsterer! Du verstehst super, was dir die Tiere mit ihrer Körpersprache und ihren Lauten sagen wollen, und kannst dich gut mit ihnen verständigen. Vielleicht erkundigst du dich einmal in eurem Stall, ob es einen Kurs im Horsemanship gibt? Dort kannst du noch mehr Tricks der professionellen Pferdeflüsterer kennenlernen. Mach unbedingt weiter so! Nimm dir viel Zeit, Pferde und ihr Verhalten zu beobachten.

MAXIS REITSCHULE

Weidedienst

„Auf zur Weide, Mädels!" Svenja schiebt die Karre vorneweg und wir trotten mit den Mistboys langsam hinterher. Es ist heiß, aber die Weiden müssen sauber sein. Hinterher bekommen wir ein Eis!

Haufen sammeln … … bis die Schubkarre voll ist.

Möglichst viel Freiheit

Warum ist es so wichtig, dass Pferde auf der Weide sind? Dafür gibt es viele gute Gründe. Es ist gesund, wenn Pferde frische Gräser und Kräuter fressen, die sie langsam grasend aufnehmen. Die Ausnahme sind Ponys, die aus kargen Gegenden stammen wie Island, Shetland oder Norwegen. Für diese Rassen kann unser Weidegras zu nährstoffreich sein, deshalb dürfen sie nicht unbegrenzt fressen. Pferde brauchen viel frische Luft und sollten sich auf der Weide frei bewegen können. Der Kontakt mit Artgenossen, mit denen sie spielen oder Fellpflege betreiben können, gehört zu einem artgerechten Pferdeleben.

ABÄPPELN

Unter den Kothaufen beginnt Gras zu wachsen, das Pferde nicht fressen. Durch liegen gelassene Pferdeäppel verbreiten sich auch Parasiten. Zum Einsammeln nimmst du einen Mistboy oder eine Schaufel und einen Federbesen. Die Pferdeäpfel werden auf dem Misthaufen gesammelt. Pferdemist wird von Landwirten abgeholt und auf den Äckern als Dünger eingearbeitet. Gemischt mit Gartenabfällen kann Pferdemist auch kompostiert werden, das ergibt einen guten Gartendünger.

Zaunkontrolle

Pferdeweiden werden mit stabilen Zäunen plus Stromlitzen umzäunt. Zaunkontrolle ist wichtig, falls mal ein Zaunpfahl umkippt oder der Strom ausfällt. Als ich das erste Mal aus Versehen an das weiße Band gekommen bin, habe ich eine Schreck bekommen. So ein Stromschlag ist nicht gefährlich, aber ziemlich fies.

GIFTIGE UND GESUNDE PFANZEN

GIFTSTRÄUCHER

- Eibe
- Goldregen
- Gemeiner Liguster
- Buchsbaum

GIFTIGE KRÄUTER

- Bingelkraut
- Fingerhut
- Herbstzeitlose
- Hyazinthen
- Jakobskreuzkraut
- Johanniskraut
- Maiglöckchen
- Schwarzes Bilsenkraut
- Sumpfdotterblume
- Adlerfarn
- Sumpf-Schachtelhalm

GESUNDE KRÄUTER

- Brennessel
- Beinwell
- Echte Kamille
- Löwenzahn
- Pferfferminze
- Spitzwegerich
- Schafgarbe

Johanniskraut wächst besonders häufig am Waldrand oder am Rand von Gebüschen.

Löwenzahn kennst du bestimmt schon

WUSSTEST DU, DASS …

… Pferde bis zu zwölfmal am Tag äppeln, dabei kommen je nach Fütterung bis zu 20 Kilogramm Kot zusammen. Vom Schlucken bis zum Ausscheiden vergehen etwa 20 Stunden. Pferde produzieren drei bis zehn Liter Urin pro Tag und pinkeln mehrmals. Sie spreizen dafür ihre Hinterbeine weit nach hinten.

Der Stoff der Fliegendecke hält Insekten vom Stechen ab.

Ganz schön nervig, diese Fliegen!

Schutz vor Insekten

Im Sommer sind Insekten für Pferde eine Plage: Gnitzen, Kriebelmücken, Bremsen, Stechmücken, Pferdelausfliegen stechen und saugen Blut. Fliegen nerven an den Augen und in den Ohren. Fliegendecken, die den Kopf oder den gesamten Körper bedecken, schützen sehr gut. In Mode gekommen sind Decken mit Zebrastreifen. Das Streifenmuster irritiert Insekten, sodass sie an Ponys und Pferden vorbeifliegen. Fliegenschutzmittel werden auf das Fell aufgetragen und wehren Insekten durch ihren Geruch ab.

MAXIS PFERDEWISSEN

Pferderassen kennen

Lipizzaner oder Lusitano? Hannoveraner oder Westfale? Haflinger oder Norweger? In meinem Pferderassenbuch sind über 280 Pferderassen aufgeführt. Ich kann mich nicht für eine Lieblingsrasse entscheiden.

> Hei, Pipi Langstrumpf. Großer Onkel ist ein Knabstrupper aus Dänemark.

1. Warmblut

Zu den Warmblütern gehören alle Sportpferderassen, die größer als 1,48 cm Stockmaß sind. Sie sind bewegungsfreudig, leistungsbereit und werden für die verschiedenen Pferdesportdisziplinen gezüchtet.

2. Vollblut

Vollblüter sind eine Spezialform der Warmblutpferde. Sie gehören zu den schnellsten Pferden der Welt und werden als Galopp-, Trab- oder Distanzrennpferde eingesetzt. Zu den Vollblütern gehören Vollblutaraber, Englisches Vollblut und Anglo-Arabisches Vollblut.

3. Kaltblut

Kaltblüter haben kein kühleres Blut als andere Pferde, sie sind kräftige und schwere Pferde, die als Arbeitspferde genutzt werden. Kalt bezieht sich eher auf das ruhigere und weniger hitzige Temperament im Vergleich zu den Warmblutrassen. Heute sind manche Kaltblutrassen auch bei Freizeitreitern beliebt.

4. Pony

Zu den Ponys zählen Pferde, die unter 1,48 m Stockmaß haben, zumindest die Mehrheit der Tiere einer Rasse. Deutsche Reitponys werden häufig im Reitsport verwendet, denn sie sind so vielseitig wie Warmblüter, nur eben kleiner. Sehr beliebte Ponyrassen sind Haflinger, Islandponys, Fjordpferde, Shetland-, Connemara- und Welshponys. Ponys sind meist robuster und brauchen weniger Futter.

Groß und klein: Das Shetty reicht dem Warmblut gerade bis zum Bauch.

WUSSTEST DU, DASS ...

... die kleinsten Pferde zur Rasse Falabella-Pony gehören? Sie sind nicht größer als 75 cm und stammen aus Argentinien.

... die größten Pferde Shirehorses sind. Sie werden bis zu 1,95 m groß und sind eine englische Kaltblutrasse.

WEITERE PFERDERASSEN:

Appaloosa

Lipizzaner

Lusitano

Rennpferde

Beim Pferderennen geht es darum, wer am schnellsten im Ziel ist. Vollblüter galoppieren auf einer ovalen Bahn, die zwischen 1.800 und 2.900 m lang ist. Geritten werden die Pferde von Jockeys, die mit ganz kurzen Steigbügeln beinahe über den Pferden „schweben". Eines der schnellsten Rennpferde war der britische Hengst *Overdose*, der 1.000 m in 57,1 Sekunden galoppierte. Beim Trabrennen ziehen die Pferde leichte Wagen, die Sulkys genannt werden. Die Rasse heißt Traber und gehört zu den Vollblütern.

Bodenarbeit

Führen, Longieren, Training im Scheuparcours, Zirkuslektionen an der Hand – all das sind Möglichkeiten für Bodenarbeit. Mit Hobbit mache ich in den Ferien Hindernistraining mit Halfter, Strick und Gerte.

Longieren

Bestimmt hast du schon mal gesehen, wie Pferde an einer langen Leine im Kreis um einen Menschen herumlaufen. Das ist Longieren, es gibt extra runde Plätze und Hallen dafür. Oft werden junge Pferde an der Longe daran gewöhnt, einen Sattel zu tragen und Stimmkommandos zu lernen. Auch beim Voltigieren wird das Pferd longiert.

Trab an der Longe

Arbeit an der Hand

Damit ist das Führen eines Pferdes mit einem Zaumzeug gemeint, der Mensch geht dabei nah neben dem Pferd. Das Pferd lernt Lektionen, die später auch geritten werden. Ohne Gewicht des Reiters fällt es Pferden leichter, anspruchsvolle Dressurlektionen zu verstehen wie zum Beispiel Piaffe oder Passage. In der Spanischen Hofreitschule in Wien machen sie das seit vielen Hundert Jahren.

Ganz ruhig, Hobbit. Wir schaffen das.

Hobbit hat keine Schwierigkeiten mit dem Flattervorhang. Das ist eine Aufgabe aus dem Gelassenheitstraining.

Anhalten mit Gerte

STANGEN UND FOLIE

Zu den einfachen Aufgaben gehört das Führen durch einen Stangengang in L-Form oder ein Labyrinth. Im Schritt fängst du an, du kannst es dann auch rückwärts probieren. Und quer darübersteigen üben. Etwas mehr Vertrauen braucht dein Pony, um mit dir über eine Folie zu gehen. Das ist eine gute Vorbereitung für das Reiten ins Wasser.

Gelassenheit trainieren

Pferde sind Fluchttiere, deshalb machen ihnen viele Dinge Angst, die wir ganz normal finden. Pferde können lernen, Fluchtreaktionen in andere Verhaltensweisen umzuwandeln. Also nicht mehr weglaufen, sondern gelassen am Trecker vorbeigehen. Ein gelassenes Pferd ist toll für Kinder und Einsteiger, denn sie sind noch nicht so sicher im Sattel.

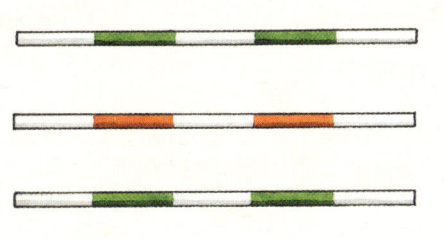

Stangen-Training

Du kannst im Schritt über die Stangen gehen, sie als einfache Gassen nutzen (vorwärts/rückwärts) oder mit größerem Abstand auch im Trab (siehe Seite 62).

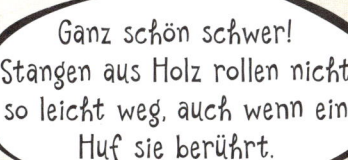

Ganz schön schwer! Stangen aus Holz rollen nicht so leicht weg, auch wenn ein Huf sie berührt.

Stangen-L

Durch das Stangen-L aus vier Stangen kannst du vorwärts oder rückwärts hindurch. Dein Pony sollte langsam Schritt für Schritt um die Ecke gehen. Eine Gerte kann nützlich sein, um Richtung und Tempo zu bestimmen. Benutze die Gerte wie einen Richtungsstab. Zum Losgehen zeigt die Gertenspitze nach vorn, zum Anhalten wird sie sanft an die Pferdebrust geführt.

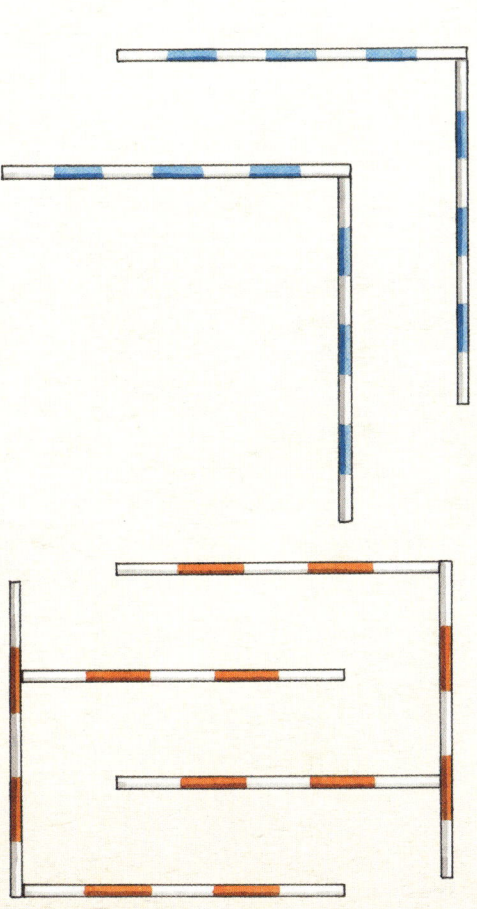

Labyrinth

Sechs Stangen bilden das Labyrinth mit zwei engen Wendungen. Nutze beide Eingänge. Du kannst mit deinem Pferd auch längs über die Stangen gehen. Das Labyrinth ist vor allem für Fortgeschrittene. Damit lässt sich gut die Hilfegebung des Reiters verfeinern und es verbessert spielerisch die Kommunikation zwischen Mensch und Pferd.

Pferde-starke TESTS

Welcher Reitertyp bist du?

Ich träume oft mit offenen Augen. Dann sitze ich im Westernsattel auf Hobbits Rücken, hinter mir der Schlafsack, vor mir die Weite der Prärie. Meine Freundin Lissy dagegen liebt weiße Handschuhe, schwarze Jacketts und Dressurreiten in der Bahn. Wir sind eben ganz unterschiedliche Reitertypen! Und du? Beantworte die Fragen und finde es heraus!

1. Wovon träumst du?
- ☆ Mit meinem Pferd bei Olympia zu starten
- ♞ Sechs Wochen durch den Westen der USA zu reiten
- ♥ Möglichst viel Zeit im Reitstall zu verbringen

2. Was trägst du beim Reiten am liebsten?
- ☆ Jackett oder Weste, Reithose, Stiefel und Handschuhe
- ♥ Normale Reithosen, Stiefel und den Pulli, den ich eh gerade anhabe
- ♞ Jeans, Karohemd und knöchelhohe Boots

3. Wen bewunderst du am meisten?
- ♞ Pferdeflüsterer
- ☆ Dressur- und Springreiter
- ♥ Meine beste Freundin

4. Was möchtest du später werden?
- ♥ Weiß ich noch nicht.
- ☆ Reitstallbesitzerin
- ♞ Weltmeister im Reining*

5. Welche Frisur trägst du meist?
- ♥ Pferdeschwanz natürlich
- ☆ Zurückgekämmt und hochgesteckt
- ♞ Offen oder kurzgeschnitten

HIER KANNST DU DEINE WAHL ANKREUZEN:

☆ 1 2 3 4 5 6 7 8 9 10
♥ 1 2 3 4 5 6 7 8 9 10
♞ 1 2 3 4 5 6 7 8 9 10

*im Galopp gerittene Western-Kunststücke

72

6. Was möchtest du in einem Jahr tun?
- ⭐ Bei einem wichtigen Turnier starten
- ❤️ Reiten, reiten, reiten
- 🧲 Einen langen Wanderritt erleben

7. Welches Bild würdest du dir an die Wand hängen?

8. Wo möchtest du Reiterferien machen?
- 🧲 Auf einer Ranch, wo man sich sein Pony aus einer Herde fängt, den ganzen Tag ausreitet und am Lagerfeuer schläft
- ⭐ In einem Stall, der am Ende der Ferien ein Turnier veranstaltet
- ❤️ Auf einem Reiterhof am Meer, in den Bergen oder auf dem Mond – Hauptsache Pferde!

9. Wo reitest du am liebsten?
- 🧲 Im Gelände
- ⭐ In der Reithalle
- ❤️ Egal, Hauptsache reiten

10. Wie sieht dein Traumpferd aus?
- ❤️ Wie mein Lieblingspony in der Reitschule
- ⭐ Wie ein Turnierpferd mit eingeflochtener Mähne
- 🧲 Wie ein gescheckter Indianerpferd

Welche Antwort hast du am häufigsten gewählt: ⭐, 🧲 oder ❤️? Hier kannst du nachlesen, was das bedeutet.

⭐ SPORTREITER

Die Reitweise, die die meisten bei uns im Reitstall lernen, heißt auch englische Reitweise. Man sieht sie bei Dressur-, Spring- und Vielseitigkeitswettbewerben. Englische Reiter benutzen einen englischen Sattel und eine Trense mit Gebiss. Du sitzt aufrecht und mit angewinkelten Beinen im Sattel und hältst die Zügel mit beiden Händen. So hast du ständig Kontakt zum Pferdemaul. Sportreiter sehen oft ziemlich schick aus, zumindest bei Turnieren: mit Jacketts, langen Stiefeln, weißen Reithosen und Handschuhen. Wenn du Springreiten oder Dressur liebst, ist die englische Reitweise genau dein Stil.

🧲 WESTERNREITER

Westernreiten war früher die Arbeitsweise von amerikanischen Cowboys. Sie trieben Rinderherden weite Strecken über Land. Heute ist es eine Sportart. Bestimmt hast du schon mal einen Westernsattel mit tollen Verzierungen und dem Horn an der Vorderseite gesehen. Daran machten die Cowboys früher ihr Lasso fest. Im Westernsattel sitzt du zurückgelehnt und mit fast geraden Beinen. Das ist für lange Ritte richtig bequem! Westernreiter lenken ihr Pferd oft nur mit einer Hand, das erfordert viel Erfahrung. Der Westernstil passt gut zu langen Ausritten ins Gelände und natürlich zu Cowboyfesten und Rodeos.

❤️ FREIZEITREITER

Du bist für alles offen und probierst gern Dinge aus: in der Bahn reiten oder ins Gelände gehen, Dressur oder Springen, Voltigieren oder Bodenarbeit. Auf einen einzigen Reitstil möchtest du dich nicht festlegen. Auch Reitkleidung, Sattel und Zaumzeug sind dir nicht so wichtig. Hauptsache, es ist alles praktisch. Und das ist völlig in Ordnung so! Schließlich liebst du Pferde und das Reiten und hast richtig viel Spaß dabei – egal, ob auf dem Pferderücken, beim Führen, im Stall oder auf der Koppel!

MAXIS REITSCHULE

Mein erstes Reitabzeichen

Ein Reitabzeichen brauche ich vor allem, wenn ich auf Turniere gehen will. Ich möchte aber viel lieber ausreiten, dafür gibt es den Reitpass. Es gibt natürlich auch Abzeichen fürs Voltigieren, Fahren, Bodenarbeit, Islandpferdereiten, Westernreiten und Barockpferdereiten.

Wie bereite ich mich vor?

Reitschulen oder Reiterhöfe bieten Kurse mit Prüfungen an. So kannst du in der Gruppe lernen und üben und bestehst die Prüfung auf jeden Fall. In diesem Buch findest du viel Wissen, das dir auch für die Prüfung hilft!

Die Jury grüßen Im Trab über Stangen

Was wird geprüft?

In einer Abzeichenprüfung zeigst du, was du schon alles über Pferde und das Reiten weißt. Sie ist auch die Vorbereitung fürs Reiten im Gelände oder Turnierstarts. Es geht darum, praktisch zu zeigen, was du kannst. Also am Pferd die Körperteile zeigen, halftern, auftrensen, putzen, führen. Gar nicht viel Theorie.

Wer kann zeigen, wo das Knie des Pferdes ist?

Prüfungsstress?!

Mach dir keine Sorgen – die Abzeichenprüfung soll dich motivieren und Spaß machen. Die Prüfer sind darauf bedacht, dass du erfolgreich bist. Falls du Prüfungsangst hast, besprich das mit deiner Reitlehrerin. Da es ja vor allem darum geht, zu zeigen, dass du reiten kannst, musst du gar nicht viel reden.

Wie prüfst du die Steigbügellänge?

Halten und loben

Eine Runde Galopp

Basispass Pferdekunde

Den Basispass kannst du ablegen, ohne Reiten zu können. Es geht um das Grundwissen über Pferde. Er ist Voraussetzung für die Reitabzeichen 5 und höher sowie für den Reitpass.

Klasse 10 bis 1

Es gib zehn Reitabzeichen, das leichteste ist 10, das schwerste Reitabzeichen 1. Früher hieß das höchste Abzeichen „Goldenes Reitabzeichen". Die Abzeichen gibt es auch für Fahrer und Voltigierer.

REITPASS

Mit dem Reitpass zeigst du, dass du fit fürs Geländereiten bist mit allem, was dazugehört.

Voltigieren und Fahren

Wenn du Pferde liebst und gerne turnst, dann ist Voltigieren der richtige Sport für dich. Du bist Teil einer Gruppe und wirst superbeweglich und ausbalanciert. Frage im Reitstall, ob es eine Voltigiergruppe gibt.
Der Fahrsport ist relativ aufwendig, weil man mindestens ein Pferd und noch eine Kutsche mit Geschirr braucht. Die meisten kommen deshalb erst als Erwachsene zum Fahren.
Auf Seite 91 findest du die Inhalte vom Voltigier- und Fahrabzeichen.

MAXIS PFERDEWISSEN

Urlaub auf dem Reiterhof

Hurra, ich fahre auf den Reiterhof! Eine Woche ohne meine Brüder. Ich kann jeden Tag zweimal reiten. In den Herbstferien geht es los.

Freundschaft schließen

Endlich ausreiten!

Manchmal ist es in Reitschulen nicht möglich auszureiten. Viele Pony- und Reiterhöfe liegen dafür in Gegenden mit wunderbarem Gelände. Suche nach Reiterhöfen an der Ostsee oder an einem See, wenn du mit einem Pferd schwimmen gehen möchtest. Wenn du lange Galoppstrecken vermisst, dann schau nach einem Reiterhof an der Nordsee, in der Lüneburger Heide oder in Mecklenburg-Vorpommern. Wenn du in den Bergen reiten möchtest, dann könnten Urlaubshöfe in der Alpenregion passend sein. Viel Spaß!

Reiten ohne Sattel

Reiten im Gelände

Ich packe meinen Koffer ...

Reithose, Stiefel, Helm, T-Shirts, Jeans, kurze Hosen, gemütliche Hosen, Sweat-Shirts, Unterwäsche, Socken, Handtücher, Badesachen, Shampoo, Duschzeug, Zahnpasta, Zahnbürste, Bürste, Creme, Bettzeug, Bücher, Kuscheltier

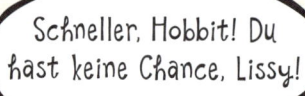
Schneller, Hobbit! Du hast keine Chance, Lissy!

Ein Wettrennen solltest du nur mit Ponys machen, die du im Galopp sicher kontrollieren kannst. Es darf nicht passieren, dass sie zu schnell werden und durchgehen.

Welcher Reiterhof passt zu mir?

Ich möchte so viel Zeit wie möglich mit den Pferden verbringen. Mama und ich haben im Internet gesucht. Es gibt so viele Höfe. Es soll aber nicht zu weit weg sein, damit meine Eltern mich hinfahren können. Frage im Reitstall und bei anderen Pferdefreundinnen nach, ob sie einen Tipp haben, wo es ihnen besonders gut gefallen hat.

Am Lagerfeuer sitzen und singen, davon habe ich geträumt.

Heimweh

Falls du Sehnsucht nach deinen Eltern bekommst, rufe sie an. Hab ich am zweiten Abend gemacht. Zu wenig getrunken und Kopfweh, ich wäre gern bei Mama gewesen. Lena hat mir Tee gebracht und mich getröstet, das war lieb. Am nächsten Morgen war alles wieder gut.

REGELN

Klar, auf dem Reiterhof gibt es viele Regeln: Tisch decken, abräumen, pünktlich sein, Betten machen. Und wenn sich die Stiefel neben der Tür stapeln, gibt es Chaos. Wenn alle mitmachen, ist es kein Problem.

Eine tägliche Aufgabe: Pony von der Weide holen und alle kommen mit.

Nur mit der besten Freundin?

Am meisten Spaß macht es, die Reiterferien mit der besten Freundin zu planen. Falls das aber nicht klappt, kannst du ruhig mutig sein und ohne Begleitung fahren. Fast immer gibt es andere Mädchen, die sich darauf freuen, mit dir Freundschaft zu schließen.

MAXIS BASTELEIEN

Deine pferdestarke Mottoparty

Zu meinem Geburtstag kommt nur eine Pferdeparty infrage. Bei dir auch? Schau hier und auf den nächsten Seiten, was du alles dafür basteln kannst: Einladungen, Kuchen, Gewinne – und sogar ein eigenes Pferd!

Für die Einladungen brauchst du:

- einfarbige Karten
- Pferdebilder aus Zeitschriften
- Schere & Klebestift
- Gel- oder Lackstifte

1. Die Einladungen

- Schneide Pferdebilder aus Zeitschriften aus und klebe sie auf die Karten.
- Verziere sie mit Gel- oder Lackstift.
- Du kannst für jede Freundin, die du einlädst, das passende Bild aussuchen. Gestalte es genau so, wie es zu ihr passt!

zum Beispiel so:

oder so:

oder ein süßes Fohlen:

2. Die Turnierschleifen

- Zeichne Blumen auf die blaue Pappe und schneide sie aus.
- Schneide aus der goldenen und braunen Pappe je einen Kreis. Einer soll etwas größer als der andere sein. Als Schablone nimmst du Eierbecher, Zirkel oder einen Klebestift.
- Aus der goldenen Pappe schneidest du außerdem zwei Streifen und entfernst unten je ein Dreieck. Klebe alles zusammen.
- Klebe mehrere Schleifen an eine lange Schnur. Das wird eine tolle Party-Girlande!

Für die Turnierschleifen brauchst du:
- blauen, braunen & goldenen Karton
- Bleistift & Schere
- Zirkel oder Kreisschablone
- Bastelkleber, Klebeband
- Schnur

3. Tischkarten, Essen & Trinken

- Schreibe mit dem Goldstift die Namen deiner Gäste auf die Turnierschleifen. Klebe sie an Strohhalme. Das sind deine Tischkarten!
- Als Getränk passen am besten Karotten- und Apfelsaft. Frisch gepresst kann man sie gut mischen!
- Für eine coole Ponytorte bittest du deine Eltern, einen Blechkuchen zu backen. Färbe Zuckerguss mit grüner Lebensmittelfarbe und streiche ihn auf den Kuchen. Mit Zuckerblüten und Spielzeugpferden wird der Kuchen zur Koppel!

Für die Tischkarten brauchst du:
- selbstgebastelte Turnierschleifen
- goldenen Lackstift
- Klebeband & Strohhalme

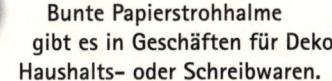

Bunte Papierstrohhalme gibt es in Geschäften für Deko, Haushalts- oder Schreibwaren.

Maxis Tipp

Gibt es beim Geburtstag Schokoschaumküsse? Dann schau mal in die Packung. Sie ist innen wunderschön goldfarben und perfekt für die Schleifen! Oder du kaufst goldenen Karton im Bastelladen.

MAXIS TAGEBUCH

Mein Geburtstag

Hobbit gibt's ab jetzt im Doppelpack

Heute war mein Geburtstag! Und es war der schönste, den ich jemals hatte. Ich bin ja auch noch nie zwölf geworden. Aber das war nicht der einzige Grund. Das Geschenk von Mama und Papa war der Knaller: ein eigenes Pony! Nein, kein lebendiges, eins aus Holz. Es steht bei uns im Garten und ich habe es „Hobbit" getauft. Nun kann ich reiten, wann immer ich will. Und muss noch nicht mal ausmisten! Thilo, Robin und Phil haben ihr Taschengeld zusammengelegt und mir einen Hufkratzer gekauft. Von Leo hab ich ein kaputtes Spielzeugauto bekommen.

Am Nachmittag kam dann die zweite große Überraschung. Mama und Papa und die Jungs haben mich ins Auto geladen und wir sind alle zusammen zum Winkelhof gefahren. Über Hobbits Box hing eine Girlande auf der stand HAPPY BIRTHDAY. Svenja und Lissy waren da und die anderen aus meiner Gruppe und sogar Elena und ein wahnsinnig toller Geburtstagskuchen. „Was …? Wieso …? Häh …?", hab ich gestottert.

„Happy Birthday, Maxi!", hat Svenja gerufen und mich umarmt. „Das haben alles deine Eltern organisiert", hat sie mir zugeflüstert. Meine Eltern? Echt? Ich hab gedacht, ich falle vom Pferd. Svenja hat mir ein Geschenk vom Winkelhof überreicht, ein Pferdebuch. Auch Elena hat mir voll nett gratuliert und gesagt, sie übernähme einmal Ausmisten für mich. Cool! Alle haben „Viel Glück und viel Segen" für mich gesungen. Dann durfte ich die zwölf Kerzen am Kuchen ausblasen. Was ich mir gewünscht habe? Das ist doch wohl klar …

Als Nächstes kam Lissy zu mir. „Herzlichen Glückwunsch", hat sie gesagt und mir ein kleines Päckchen hingehalten. Ich hab es ganz vorsichtig aufgemacht, weil das Geschenkpapier mit den Pferden so schön war. Und darin war … eine Kette mit Pferdeanhänger! Lissy war ein bisschen rot im Gesicht. „Hab ich selbstgemacht", hat sie gesagt.

„Ist die schön!", hab ich gesagt und sie gleich umgehängt. Dann hat Hobbit geschnaubt.
„Er will dir auch gratulieren", meinte Svenja und ich habe Hobbit erst mal gekrault. Unter der Mähne, das hat er gern.
„Kuchen?", hat Papa hinter mir gefragt.
Jeder bekam ein Stück Kuchen und Hobbit eins von meinen selbstgemachten Leckerlis. Irgendwann mussten Lissy und die anderen aus meiner Gruppe nach Hause. Elena musste eine Koppel abäppeln. Meine Brüder spielten auf dem Parkplatz Fußball.
„Ich habe noch etwas Zeit bis zur nächsten Reitstunde", hat Svenja gesagt. „Hast du Lust, auf Hobbit zu reiten? Als Geburtstagsgeschenk und damit deine Eltern mal sehen, was du kannst."
Klar hatte ich Lust! Ich habe Hobbit geputzt und gesattelt und dabei Mama und Papa genau erklärt, was ich alles mache. Dann sind wir in die Reithalle und ich bin ein paar Runden geritten: im Schritt, im Trab und sogar im Galopp. Hobbit machte alles super! Ich parierte ihn durch und ritt zu Mama und Papa an die Bande.
Die haben vielleicht Augen gemacht!
„Wow!", hat Mama gesagt, und Papa hat „Wow-ie-wow!", gesagt.
„Wie bitte?", hat Svenja gefragt.
„Wir sind schwer beeindruckt", hat Papa erklärt. „Was Maxi schon alles kann! Sie scheint eine richtig begabte Reiterin zu sein."
„Das ist sie auch", hat Svenja gesagt und ich musste grinsen wie ein Honigkuchenpferd.
„Das hat mir alles Hobbit beigebracht", hab ich gesagt. Svenja hat gehustet und Mama und Papa haben gelacht. Ich weiß gar nicht, wieso. Ich habe mich einfach nur an Hobbit gekuschelt und ihn ganz fest umarmt.

MAXIS BASTELEIEN

Dein eigenes Springturnier

So eine Ponyparty macht echt Spaß! Der absolute Höhepunkt war unser Springturnier. Wir haben uns auf der Party alle ein eigenes Springpferd gebastelt. Damit sind wir nur so über die Hindernisse geflogen!

Für das Springpferd brauchst du:

- alte Socken (einen heilen und viele kaputte; alte T-Shirts gehen auch!)
- Schere & Bastelkleber
- Rundstab oder Stock (etwa 1 m lang)
- Schnur
- Filz für die Mähne (20 x 30 cm)
- 2 Wackelaugen
- 2 selbstklebende Möbelgleiter oder Filzkreise
- Rest Filz für die Ohren
- Band für Halfter und Zügel (je 1 m)
- Wäscheklammern

1. Das Springpferd

- Schneide die Stoffreste in Streifen. Stopfe den Fuß der heilen Socke fest damit aus. Stecke den Stab hinein und stopfe weiter, bis der Strumpf fast voll ist. Wickele ein Stück Schnur fest darum und verknote es. Schneide die Enden kurz ab.

- Falte den großen Filz für die Mähne quer zur Hälfte und schneide ihn fast bis zur Falte ein. Klebe ihn als Mähne fest. Klebe die Wackelaugen auf, die Möbelgleiter oder Filzkreise werden die Nüstern.

- Für die Ohren schneidest du zwei Dreiecke aus dem Rest Filz. Schneide sie unten 2 cm tief ein und schiebe die beiden Hälften übereinander. Klebe die Ohren auf den Kopf.

- Schneide drei Stücke Band für das Halfter zurecht: für den Nasenriemen, den Stirn- und Kehlriemen und den Backenriemen.

- Klebe die Verbindungsstellen zusammen und fixiere sie bis zum Trocknen mit Klammern. Knote die Zügel links und rechts fest.

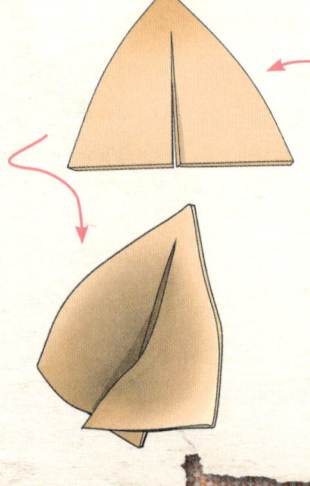
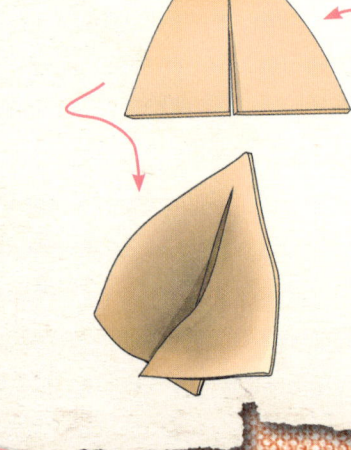

Wir haben unseren Springpferden sogar Namen gegeben. Meins heißt natürlich Hobbit. Lissys Pony Tapir hat einmal verweigert und sie ist hingeflogen. Wie beim echten Reiten eben auch! Das war so lustig! Schöner hätte meine Geburtstagsparty wirklich nicht sein können.

2. DAS TURNIER

- Baut Hindernisse aus Saftkisten oder Bücherstapeln und Besenstielen. Auch ein Slalomparcours aus Flaschen und eine Wippe (ein langes Brett, das mittig auf einem Holzstück ruht) sind tolle Aufgaben für euer Turnier.

- Schreibe eine große 1 auf eine Turnierschleife. Biege eine Büroklammer leicht auf und klebe den hinteren Teil mit Klebestreifen an die Rückseite der Schleife.

Mithilfe der Büroklammer könnt ihr die Siegerschleifen an die Trense eures Springpferds klemmen.

Bei schönem Wetter verlegt ihr euer Turnier nach draußen. Mit den Springpferden könnt ihr eine Schatzsuche im Wald machen oder ein Wettrennen auf dem Spielplatz!

Maxis Tipp

Zum Abschied bekommt jeder Pferdefreund eine Mitgebseltüte. Klebe doch daran auch Turnierschleifen mit Namen! Hinein können Leckerli fürs Pferd, genauso wie für euch.

Der Traum vom eigenen Pferd

Ich stelle mir ständig vor, wie es wäre, wenn ich ein eigenes Pferd hätte. Ich würde jeden Tag reiten. Mein Pferd würde wiehern, wenn ich käme. Ich hätte es am allerliebsten auf der Welt. „Wenn du eigenes Geld verdienst", sagen meine Eltern. Also muss ich wohl noch warten, bis sich mein Traum erfüllt.

Ein Pony ist ein Freund fürs Leben!

Pferdekauf

Es ist gar nicht so leicht, das richtige Pferd oder Pony für sich zu finden. Du musst dir überlegen, was du mit deinem zukünftigen Pferd machen möchtest. Dressur, Springen oder Westernreiten, auf Turnieren starten oder vor allem ausreiten?

Ein unerfahrener Reiter sollte sich unbedingt ein ausgebildetes Pferd kaufen, denn ein Pferd einzureiten und auszubilden, erfordert viel Erfahrung. Gerade ein junges Pferd braucht einen geduldigen und sicheren Menschen an seiner Seite, sonst kann ganz schön viel schiefgehen.

Vielleicht ist dein Traumpferd ja so wie Hobbit dein Lieblingspferd in der Reitschule? Du musst bedenken, dass du noch wächst und in einigen Jahren womöglich zu groß und zu schwer für ein mittleres Pony sein wirst. Es gibt also viel zu bedenken.

Übrigens, wenn du und deine Eltern euch entschieden habt, müsst ihr einen Kaufvertrag schließen. Das Pferd benötigt einen Equidenpass, das ist eine Art Personalausweis für Pferde. Und ihr solltet unbedingt eine Haftpflichtversicherung abschließen.

Wenn ich mir ein eigenes Pferd aussuchen dürfte, könnte das nur Hobbit sein!

Hallo, mein Pony! Wenn dein Pferd dir vertraut, kommt es gern mit dir mit.

KOSTEN IM MONAT

Was braucht ein Pferd?

→ einen Stall mit Weidegang
→ Futter
→ Impfungen, Wurmkuren, Medikamente vom Tierarzt
→ regelmäßige Pflege vom Hufschmied

Dafür kommen je nach Region mindestens 350 Euro im Monat zusammen.

Das eigene Pony zu reiten und zu betreuen ist wirklich wunderschön!

Maxis Tipp

Reite so viele Pferde wie möglich. So lernst du verschiedene Charaktere und Reaktionen von Pferden kennen und du kannst richtig darauf reagieren. Das hilft dir später auch bei deinem eigenen Pferd.

Reitbeteiligung

Ein Pflegepferd oder eine Reitbeteiligung ist fast wie ein eigenes Pferd. Vielleicht kannst du deine Eltern davon überzeugen? Es ist nicht so teuer, die Verantwortung für das Tier trägt der Besitzer und du kannst feststellen, ob du wirklich so viel Zeit und Liebe für ein Pferd aufbringen kannst, wie du dir es vorstellst.

MAXIS PFERDEWISSEN

Ponyspiele; viel Spaß!

Meine Freundin Lissy und ich sind auf dem Ponyhof. Heute finden die Ponyspiele statt. Wir starten als Team mit einem Pferd und sind schon total aufgeregt. Jede muss einmal auf dem ungesattelten Pony reiten, die andere führt. Wir sind echt gespannt, welche Geschicklichkeitsaufgaben uns gestellt werden!

Geschicklichkeit und Spaß

Ponyspiele sollen allen Spaß machen. Du lernst, unverkrampft auf dem Pferd zu sitzen und deine Balance zu trainieren. Die Ponys werden gelassener und bekommen Zuwendung – und Leckerli!

AUFGABEN AUF DEM PFERD

- Slalomlauf
- Gerten in Hütchen stecken
- Becher mit Wasser balancieren
- Malen im Trab
- Süßigkeiten-Angeln
- Putzzeug verstecken
- Stangen-L
- Mühle auf dem Pferd

Slalom mit Halsring

Kannst du dein Pony nur mit Halsring lenken? Den Ring rechts an die Halsseite anlegen, daraufhin wendet das Pferd nach links.

Schirm und Cavaletti

Kannst du einhändig reiten? Für dieses Spiel sollte das Pony aber keine Angst vor einem Regenschirm haben.

Verkleidung

Ponyspiele machen noch mehr Spaß, wenn das Pony geschmückt und du verkleidet bist. Manchmal kann man mit einem coolen Outfit auch Extrapunkte sammeln. Wichtig ist, dass du feste Schuhe trägst und auf dem Pferd den Helm.

AUFGABEN OHNE PFERD:

- Lieder gurgeln
- Begriffe pantomimen
- Dreibeinlauf
- Schokoküsse füttern
- Bilder-Sudoku

Prinzessin oder Maus? Reithelme mit Schleier und Ohren sehen toll aus.

Eins, zwei und jetzt hoch das Bein. Wir schaffen das, Maxi!

 Mounted Games sind etwas für Fortgeschrittene, alles wird im Galopp geritten. Becher abnehmen und auf die nächste Stange stülpen!

 Bei dem Spiel „Blinder Führer!" darf der Reiter nicht lenken, sondern der Partner mit der Augenbinde muss so führen, wie der Reiter es ansagt.

MAXIS PFERDEWISSEN

Auf zum Reitturnier!

Heute fahre ich das erste Mal zum Turnier. Ich starte zwar noch nicht selbst, aber ich begleite Svenja. Das ist aufregend genug. Sie hat sich bei einem Reitverein in der Nähe für eine Spring- und Dressurprüfung angemeldet.

Flechten üben

Die Zöpfe so gleichmäßig wie möglich hinzubekommen, erfordert Übung. Ein Glück, dass Hobbit so geduldig stillsteht.

Wettbewerb oder Prüfung?

In Deutschland gibt es zwei Arten von Turnieren: Wettbewerbe (WB), für die gilt die Wettbewerbsordnung (WBO), und Leistungsprüfungen (LP), hier gilt die Leistungsprüfungsordnung (LPO). In den Regelwerken sind die Anforderungen für den Prüfungsstart aufgeführt. Für Einsteiger eignen sich Wettbewerbe besser, weil man noch kein Reitabzeichen benötigt. Für das Pferd gilt immer: Es braucht einen Equidenpass und die vorgeschriebenen Impfungen. Die Start-Voraussetzungen sind in den Ausschreibungen des Vereins zu finden.

Kleiderordnung für das Turnier: Blütenweiße Hosen, saubere Handschuhe und glänzende Stiefel gehören zum richtigen Turnieroutfit dazu.

PRÜFUNGSKLASSEN E BIS S

Wie leicht oder schwer eine Turnieraufgabe ist, wird mit den Buchstaben E, A, L, M und S angegeben.

E = Eingangsprüfung, A = Anfänger,
L = Leicht, M = Mittel, S = Schwer

Ein Pferd darf an nicht mehr als drei Prüfungen an einem Turniertag teilnehmen, damit es nicht überanstrengt wird, und nur in zwei nebeneinanderliegenden Leistungsniveaus starten.

Haarordnung

Auch die Haare der Reiter müssen beim Turnier geflochten werden. Das sieht ordentlicher aus und die Richter können die Körperhaltung besser beurteilen.

Offene Haare sind beim Turnier nicht erlaubt: Ein Mozartzopf sieht toll aus und passt unter den Helm.

Turnierschönheit

- Mähne kämmen und etwas anfeuchten
- Mähne in gleich breite Haarbüschel aufteilen
- Jedes Haarbüschel in drei Strähnen teilen, herunterflechten
- Haarbüschel am Ende umschlagen und mit Mähnengummi befestigen
- So entstehen viele kleine Zöpfe plus einer am Schopf.
- Alle Zöpfe zweimal umschlagen und mit einem weiteren Gummi ordentlich befestigen.
- Es gilt: üben, üben, üben!

Breitensport-Wettbewerbe

Der Start bei einem Breitensport-Turnier könnte der Beginn deiner Reiterkarriere sein. Oder du machst einfach nur mit, um mit deinem Pferd und deinen Freunden Spaß zu haben. Es gibt viele Möglichkeiten teilzunehmen: Kostümreiten, Schulpferde-Wettbewerb, Mounted Games, Quadrillen, Führzügelprüfung, Gelassenheitsprüfungen und vieles mehr. Es macht übrigens auch sehr viel Spaß, bei einem Breitensportturnier zuzuschauen. Frag doch einmal bei deinem Reiterhof nach, vielleicht weiß jemand wann und wo das nächste Turnier veranstaltet wird.

Verladen

Pferde zu transportieren, ist keine Selbstverständlichkeit. Das Ein- und Aussteigen muss trainiert werden, auch das Fahren selbst erst mal auf kurzen Strecken. Manche Pferde fürchten sich davor, in einen engen Anhänger zu gehen. Sie muss man besonders sorgsam an diese Aufgabe heranführen, am besten mit einem Profi.

MAXIS REITSCHULE

Fit fürs Abzeichen

Wenn du den Reitpass oder ein Reitabzeichen Klasse 5 bis 1 machen möchtest, musst du vorher die Reitabzeichen 7, 6 oder den Basispass Pferdekunde besitzen. Bei der Basispass-Prüfung geht es nicht ums Reiten, Fahren oder Voltigieren, sondern um dein Wissen und deine Kenntnisse rund um die Pferdekunde.

10 FRAGEN FÜR DIE BASISPASS-PFERDEKUNDE-PRÜFUNG

1. Wie näherst du dich einem Pferd?
a Ich renne zur Weide und rufe am Tor seinen Namen.
b Ich nähere mich von hinten, damit es mich nicht gleich sieht.
c Ich komme von vorn oder von der Seite und spreche freundlich seinen Namen.

2. Was ist beim Anbinden wichtig?
a Das Pferd muss so angebunden sein, dass es nicht loskommt.
b Ich binde es an einem kurzen Strick an.
c Das Pferd wird mit einem Sicherheitsknoten angebunden.

3. Wie gewinne ich das Vertrauen eines Pferdes?
a Ich bringe dem Pferd Geschenke mit.
b Ich bin in Stresssituationen verständnisvoll und geduldig.
c Ich füttere es mit vielen Leckerli

4. Was ist ein Paddock?
a Ein eingezäunter Auslauf mit Sand- oder Grasboden
b Eine Pferdebox mit Fenster nach draußen
c Eine dicke Satteldecke

(Lösungen: 1c, 2c, 3b, 4a, 5a, 6a, 7b, 8c, 9b, 10a)

5. Was sind PAT-Werte?
a Puls, Atmung und Temperatur des Pferdes
b Die Temperatur im Pferdestall
c Die Ergebnisse im Vielseitigkeitswettbewerb

6. Was ist zu tun, wenn ein Pferd Giftpflanzen gefressen hat?
a Sofort den Tierarzt rufen und möglichst Teile der Pflanze aufbewahren
b Das Pferd viel trinken lassen
c Abwarten, was passiert

7. Was ist ein Schimmel?
a Verschimmeltes Futter
b Ein Pferd mit weißer Fell-, Mähnen- und Schweiffarbe
c Ein Pferd mit weißer Mähne

8. Wo sind die Kastanien beim Pferd?
a Im Futtereimer
b An der Schweifrübe
c An den Beinen

9. Wie groß ist ein Pferd?
a Über 1,80 m Stockmaß
b Über 1,48 m Stockmaß
c Unter 1,80 m Stockmaß

10. Was gehört zum Raufutter?
a Heu und Stroh
b Mineralfutter
c Möhren

DIE REITABZEICHEN

Klasse 10 bis 7
haben bis zu fünf Teilaufgaben:

➜ Reiten auf dem Viereck in der Abteilung
➜ Grundwissen Pferde, Haltung, Pflege, Verhalten, Ausrüstung, Tierschutz
➜ Bodenarbeit
➜ Reiten im Gelände (je nach Möglichkeit)
➜ Springen (Reitabzeichen 7)

DIE VOLTIGIERABZEICHEN

Klasse 10 bis 7
haben zwei Teilaufgaben:

➜ Grundwissen Pferde, Haltung, Pflege, Verhalten, Ausrüstung, Tierschutz
➜ Voltigierlehre mit Voltigierübungen und Bahnordnung

DIE FAHRABZEICHEN

Klasse 10 bis 7
haben bis zu drei Teilaufgaben:

➜ Grundwissen Pferde, Haltung, Pflege, Verhalten, Ausrüstung, Tierschutz
➜ Vorbereitung des Pferdes zum Fahren, Pflege, Mithilfe beim Anschirren, Grundkenntnisse der Geschirrkunde
➜ Bodenarbeit

Kann ein Pferd Fieber haben?

Bei Nr. 36. C hat es Fieber. Literatur-Tatsachen

MAXIS TAGEBUCH

Unser Wanderritt

Von Abenteuer bis Lagerfeuer

Nun geh ich schon seit einem Jahr zum Reiten auf den Winkelhof. Hobbit und ich sind beste Freunde – Lissy und ich auch. Klar, dass wir uns wie verrückt gefreut haben, als Svenja den Wanderritt angekündigt hat: „Zwei Tage im Sattel und dazwischen eine Nacht im Heu." Kann es etwas Schöneres geben?

Ein paar Wochen später ging es los. Lissys Vater lud die Schlafsäcke und Taschen mit Kleidung in sein Auto. Er brachte das ganze Gepäck zu dem Bauernhof, wo wir auf dem Heuboden übernachten würden. Trotzdem waren meine Satteltaschen proppenvoll: mit Trinken und Essen, einer Regenjacke und Mamas Handy. „Nur für den Fall ...", hatte sie gesagt. Svenja hatte natürlich auch eine Landkarte dabei, ein Erste-Hilfe-Set für Pferde und Menschen, Mückenschutz und noch jede Menge anderes nützliches Zeug.

„Es geht los", flüsterte ich Hobbit zu, als wir vom Hof ritten. Ich kraulte seine Mähnenkamm und ließ die Zügel lang. Das erste Stück Weg kannten wir beide in- und auswendig, da mussten wir nicht so aufpassen. Doch nach einiger Zeit bogen wir auf einen Weg ein, den ich noch nie geritten war. Ich nahm die Zügel kürzer und trieb Hobbit ein bisschen an. Jetzt war Schluss mit Träumen, jetzt hieß es aufpassen! Im Wald führte der Weg gemächlich einen Berg hinauf. Gegen Mittag hatten wir den Gipfel erreicht und rasteten an einer Quelle.

„Autsch, mein Po!", sagte Lissy, als wir weiterritten. Sie stöhnte und guckte ganz gequält. „Meiner auch", flüsterte ich. „Aber das halten wir durch, okay?"

Noch zwei Stunden! Lissy und ich bekamen langsam schlechte Laune. Unsere Pos und Beine brannten wie Feuer. Bremsen umschwirrten uns und die Pferde. Ich hatte schon drei Stiche, die trotz Svenjas Salbe tierisch juckten.

„Ich wünschte, wir wären endlich da!", murrte Lissy. Vor lauter Frust hieb sie mit der Gerte auf einen Busch ein, der direkt neben dem Weg wuchs.

Das reichte. Tapir, der vorher entspannt vor sich hin gedöst hatte, schreckte hoch. Ich sah das Weiße in seinen Augen aufleuchten, da scheute er und galoppierte davon. Lissy klammerte sich verzweifelt fest. Hobbit erschrak ebenfalls und wollte ihm folgen, doch er kam nicht an Lauri, Svenjas riesigem Friesen, vorbei.

Svenja schaute uns ernst an. „Ihr steigt ab, Elena passt auf!", rief sie, dann gab sie Lauri die Galopphilfe und verfolgte Lissy und Tapir.

Wir stiegen ab. „Ruhig, mein Kleiner. Alles ist gut!", raunte ich Hobbit zu. Das beruhigte ihn und mich beruhigte es auch. Himmel, was für ein Schock! Um ein Haar wäre Hobbit mit mir durchgegangen! Aber was war mit Lissy und Tapir? Ging es ihnen gut?

Endlich kamen die beiden Pferde wieder in Sicht. Ich drückte Elena Hobbits Zügel in die Hand und lief Lissy und Tapir entgegen. Sie grinste mich mit roten Wangen an.

„Sorry, Leute!", sagte sie in die Runde. „Das war echt blöd von mir."

Svenja nickte. „Allerdings. Nach allem, was du mir erzählt hast, bist du selbst schuld, dass Tapir sich erschreckt hat. Glücklicherweise ist ja nichts passiert." Sie verteilte an jeden ein Stück Traubenzucker, egal ob Mensch oder Pferd. Der süße Zucker machte mich noch mal richtig fit und das letzte Stück Weg konnte ich wieder genießen.

Auf dem Hof, wo wir übernachten durften, gab es einen Fluss. Wir badeten alle, Mädchen und Ponys, und es war herrlich. Am Lagerfeuer gab es dann Stockbrot und Würstchen. Erst ganz spät krochen wir in unsere Schlafsäcke, die auf dem Heuboden ausgebreitet waren. Unten im Stall hörten wir die Pferde mit den Hufen scharren, kauen und brummeln.

„Schlaf schön, Maxi", sagte Lissy neben mir.

„Du auch." Und dann ritt ich im Traum weiter auf Hobbit, dem allerbesten Pony der Welt.

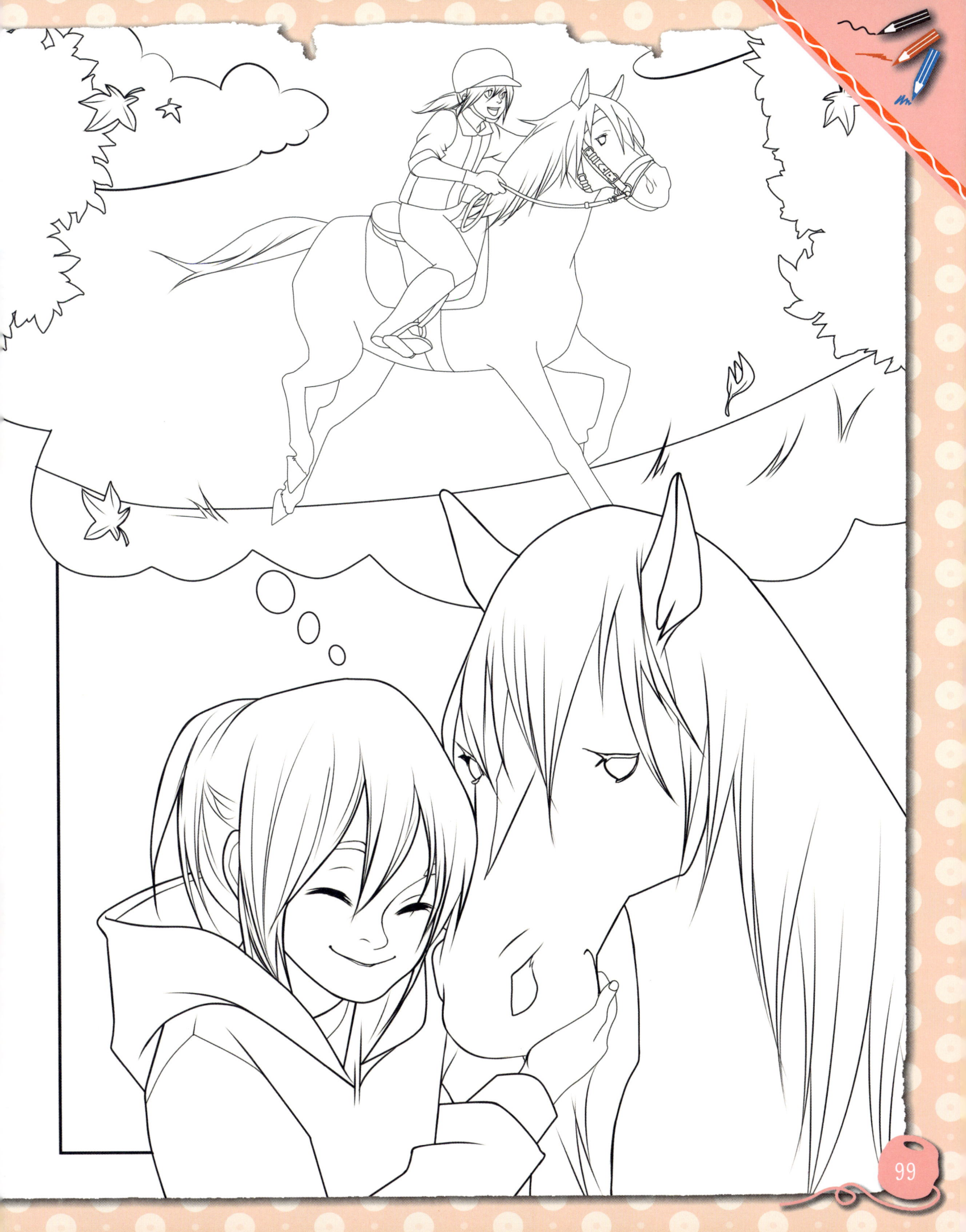

Register

A
Abäppeln	66
Absitzen	26
Abteilung	38
Abtrensen	25
Abzeichen (Fell)	11
Abzeichenprüfung	74
Anbindeplatz	14
Atmung	21
Aufhalftern	42
Aufmarschieren	45
Aufsitzen	26
Augen	20, 30, 31
Ausmisten	54
Ausreiten	56, 76

B
Backe	20
Bahnfiguren	44, 45
Bahnregeln	38
Ballen	20
Bänder	21
Barockreiten	5
Basispass	75
Bauch	20
Bodenarbeit	70
Breitensportturnier	89
Brust	20

C
Cavaletti	63, 86
Chaps	4

D
Dickdarm	21
Dressurreiten	5
Dressursattel	24
Dressursitz	27
Dünndarm	21

E
Einfangen	42
Ellbogen	20
Eohippus	11
Esel	10

F
Fahren (Kutsche)	5, 75
Fellfarbe	11
Fessel	20
Flanke	20
Flechten	88
Flehmen	31
Fohlen	12, 13
Führen	43, 70

G
Galopp	32
Ganasche	20
Gangarten	32, 33
Geburt	13
Gelassenheit	71
Gelenke	21
Genick	20
Gerte	4, 42, 47
Geschicklichkeit	86
Gewichtshilfe	46
Giftpflanzen	67
Gleichgewicht	27, 36
Glücksbringer basteln	22
Grasen	50
Griffelbein	20

H
Haarordnung	89
Halfter	42
Hals	20
Hand, linke	39
Hand, rechte	39
Handarbeit	70
Handschuhe	4
Heimweh	77
Helfer	42
Hengst	13
Herde	13
Herz	21
Hilfen	46, 47
Hilfengebung	46
Huf	14, 20
Hufe auskratzen	14
Hufeisen	22, 23
Hufschlag	38
Hüfthöcker	20

I
Insektenschutz	67

K
Kaltblut	68
Kastanie	20
Knie	20
Knochen	21
Kolik	61
Körpersprache	31
Körperteile des Pferdes	20
Körpertemperatur	21
Kosten	85
Kronrand	20
Kruppe	20
Kutsche	5

L
Leckstein	60
Leichter Sitz	27
Leichttraben	36
Leistungsprüfung	88
Lende	20
Lenkung	27
Longe	36
Longieren	36, 70
Lunge	21

M
Magen	21
Mähnenkamm	20
Mastdarm	21
Mounted Games	87
Muskeln	21

N

Nüstern	20, 30

O

Oberschenkel	20
Offenstall	55
Ohren	20, 30

P

Paddock	55
Parade, ganze	47
Parade, halbe	47
Parcours	63
Pass	33
Pferdebox	55
Pferdefamilie	10, 12
Pferdefutter	60, 61
Pferdekauf	84
Pferdeleben	12
Pferdeleckerli	52, 61
Pferderassen	68, 69
Pferdeschmuck	40
Pferdesprache	30
Pferde zeichnen	34
Pliohippus	11
Pony	68
Ponyspiele	86
Ponytagebuch	8
Prüfungsfragen	90
Prüfungsklassen	88
Puls	21
Putzen	14, 55
Putzplan	15
Putzplatz	14
Putzzeug	15
Putzzeugtasche	16

Q

Quadrille	39

R

Rangordnung	13
Reitabzeichen	74, 75, 90
Reitausstattung	4
Reitbeteiligung	85
Reiterferien	76, 77
Reiterhof	76
Reithandschuhe	4
Reithelm	4
Reithose	4
Reitpass	75
Reitstiefeletten	4
Reitstunde	45
Reitturnier	88
Reitverbot	57
Rennpferde	69
Rippenpartie	20
Rosse	13

S

Sattellage	20
Satteln	24
Säugen	13
Schenkelhilfe	46
Schiefe	33
Schlafen	51
Schlauch	20
Schopf	20
Schritt	32, 50
Schulter	20
Schweif	15, 20
Schweifrübe	20
Sehnen	21
Sinnesorgane	30
Sitzschule	36
Slalom	86
Speiseröhre	21
Springreiten	5, 62
Springsattel	24
Springturnier	82
Stange	62, 71
Stangen-Training	71
Steilsprung	63
Stirn	20
Stockmaß	10
Straßenverkehr	56
Stute	13

T

Tölt	33
Trab	32
Trächtigkeit	13
Trinken	60
Turnierkleidung	88

U

Unterarm	20
Unterschenkel	20

V

Verdauungssystem	21
Verkehrsschilder	57
Verkleidung	87
Verladen	89
Vielseitigkeitsreiten	5
Vielseitigkeitssattel	24
Vollblut	68
Voltigieren	5, 75
Vorfahren der Pferde	11

W

Wallach	13
Warmblut	68
Weidedienst	66
Weideleben	50
Weitsprung	63
Westernreiten	5
Westernsattel	24
Wettbewerb	88
Widerrist	10, 20
Wildpferde	10, 12
Wirbelsäule	21

Z

Zäumen	24, 25
Zaumzeug	25
Zaunkontrolle	66
Zebra	10
Zirkel	44
Zügelhilfe	47
Zunge	30

Bildnachweis

S. 4, 5, 11, 12, 13, 14, 15 20, 21, 24, 23 (Hufeisen), 25, 27, 30, 31, 32, 33, 36, 37, 39, 42, 44, 45, 46, 47, 50, 51, 54 oben, 55, 56, 57, 60 links, 61 Nr. 4, 5 + 9, 62, 63 oben, 65 b, 66, 67 Mitte, 68, 69 links + rechts, 70, 71, 73 links, 78, 85 oben, 86, 87, 88 oben, 89 von Horst Streitferdt/ KOSMOS. S. 22, 26, 43, 74, 75, 76 oben + Mitte, 77, 84, 85 unten von Pauline von Hardenberg/KOSMOS. S. 5 Nr. 5, 60 unten rechts von Christiane Slawik/KOSMOS. S. 54 unten, 63 unten, 65 a, 67 unten + unten rechts, 69 oben + Mitte, 76 unten, 88 unten von Gudrun Braun. S.3, paladin 1212-fotolia.com; S.10, Geza Farkas-fotolia.com; S.10, Eric Isselée-fotolia.com (Stockmaßabbildung); S.16 (Jutetaschen), 61 (Karotten) rduzl-fotolia.com; S.16, Alex Tihonov-fotolia.com; S.16, magnia-fotolia.com; S.17, magnia-fotolia.com; S.60 (trinkendes Pferd), Klaus Eppele-fotolia.com; S.61, (Heu) Africa Studio-fotolia.com; S.61 (Löwenzahn), emer-fotolia.com; S.61 (Äpfel), Dionisvera-fotolia.com; S. 65 c, Petra Echerl-fotolia.com; S.73, nemlep-fotolia.com, Victoria Makarova-fotolia.com; S. 6, 18, 48, 58, 80, 92, quilli-fotolia.com; aopsan-fotolia.com; Ragnarocks-fotolia.com; by-studio-fotolia.com; picsfive-fotolia.com;

Alle Illustrationen von Anike Hage, außer die Illustrationen S. 11, 15 (Putzzeug, Putzrichtung), 21, 24 (Sättel), 37 /(Reiterin, Holzpferd), 44 (Hufschlagfiguren), 45, 46 Mitte unten, 63 oben Mitte sind angefertigt von Esther von Hacht.

Umschlaggestaltung von Kathrin Steigerwald, Hamburg unter Verwendung von Illustrationen von Anike Hage und einem Foto von Horst Streitferdt/Kosmos.

Unser gesamtes lieferbares Programm und viele weitere Informationen zu unseren Büchern, Spielen, Experimentierkästen, Autoren und Aktivitäten findest du unter kosmos.de

Gedruckt auf chlorfrei gebleichtem Papier

© 2020, Franckh-Kosmos Verlags-GmbH & Co. KG, Stuttgart
Alle Rechte vorbehalten
ISBN: 978-3-440-16969-8
Redaktion: Teresa Baethmann
Layout & Satz: Christine Sassie
Produktion: Verena Schmynec
Druck und Bindung: Leo Paper
Printed in China / Imprimé en Chine